L'AUSTÉRITÉ AU TEMPS DE L'ABONDANCE

L'austérité au temps de l'abondance

UN DOSSIER DE LA REVUE *LIBERTÉ*

LIBERTÉ

Les textes réunis dans ce volume ont précédemment paru dans les numéros 302 (« Rétro, les classes sociales ? », hiver 2014) et 306 (« Faire moins avec moins », hiver 2015) de la revue *Liberté*.

Volume édité par Philippe Gendreau.

LIBERTÉ
4067, boulevard Saint-Laurent
bureau 303-B
Montréal (Québec) H2W 1Y7

Diffusion au Québec : Dimédia

Dépôt légal, 1er trimestre 2015
Bibliothèque et archives nationales du Québec
Bibliothèques et archives Canada
ISBN 978-923675-85-5

L'austérité au temps de l'abondance

JULIA POSCA

À quelques jets de pierre du Colisée Pepsi, demeure des feus Nordiques de Québec, les ouvriers s'affairent sur le chantier du nouvel amphithéâtre de la ville. L'ouverture officielle de cet ouvrage de quatre cents millions de dollars est prévue pour le mois de septembre 2015. En attendant l'heureuse date, les fans de hockey de la Capitale-Nationale rêvent d'attirer à nouveau une équipe de la LNH grâce à cet aréna financé à même les fonds publics provinciaux et municipaux.

À la mi-juillet, alors que des journalistes déambulaient dans le nouveau bâtiment du quartier de Limoilou pour constater l'avancement des travaux, des syndiqués du CSSS de Laval faisaient aller leurs pancartes en espérant interpeller le ministre de la Santé et sensibiliser l'opinion publique aux conséquences qu'auront assurément pour la population les coupes de l'ordre de douze millions de dollars annoncées par le gouvernement libéral. Aucune réduction du personnel-cadre n'est à l'ordre du jour, mais on sait d'ores et déjà que des postes d'infirmières auxiliaires de nuit seront supprimés et que le nombre d'heures supplémentaires sera revu à la baisse.

Bienvenue dans le règne de l'austérité à l'ère du gaspillage de masse. Toutes les dépenses sont permises, pourvu qu'il ne soit pas question de nous faire croire à nous, les petites gens, que la raison d'être du gouvernement est de répondre aux besoins de ses soi-disant commettants. Avant de me traiter de rabat-joie, sachez que mon intention n'est nullement de m'en prendre à notre illustre sport national. Je dirais plutôt ceci : l'État néolibéral n'est pas un État minceur, qui dépense prudemment comme seul un bon père de famille pourrait le faire. L'État néolibéral est plutôt celui qui donnait en 2011 à une compagnie représentée par un ancien conseiller politique du premier ministre de l'époque un contrat de deux cent quarante millions de dollars pour installer quarante mille indispensables tableaux blancs interactifs dans les écoles primaires et secondaires de la province. Pendant ce temps à Montréal, des élèves étaient chassés de leur école de quartier par de vilaines moisissures ayant élu domicile dans les murs de leur établissement. La situation dure depuis plus de deux ans, mais la Commission scolaire de Montréal, responsable des bâtiments infectés, a elle aussi dû mettre le cap sur l'équilibre budgétaire. Bref, tout porte à croire qu'une solution est à portée de main dans ce dossier.

Nous pourrions nous consoler en pensant que la corruption d'hommes et de femmes avides de pouvoir est la grande responsable de ces situations déplorables, puis conclure que le problème sera bientôt chose du passé. Tony Tomassi, Gilles Vaillancourt, Michael Applebaum, toutes ces « pommes pourries » n'ont-elles pas été remplacées par une nouvelle race de politiciens parfaitement transparents et imperméables au trafic d'influence ? À preuve, François Legault n'a eu aucun mal à avouer, lors de la dernière campagne électorale provinciale, qu'il était assis sur près de dix millions d'actifs financiers. Que dire devant autant d'honnêteté ?

Il serait aussi tentant de se réconforter en pensant qu'au fond, il s'agit de mesures exceptionnelles justifiées par un contexte de crise économique prolongée. La réduction des services à la population est nécessaire, car il faut bien, comme le dit notre banquier de ministre des Finances, « s'ajuster à la réalité » ; les subventions au secteur privé, les allègements fiscaux, les crédits d'impôt, même la dilapidation de fonds publics pour financer des projets dont on ne saisit pas toujours la pertinence, tout cela est indispensable, car sinon, comment stimuler la croissance ? C'est pour cette raison qu'en 2012, les conservateurs de Stephen Harper n'ont eu d'autre choix que de limiter l'accès à l'assurance-emploi, un programme conçu pour venir en aide aux travailleurs temporairement et involontairement privés de salaire. Voilà aussi sûrement ce qui les a obligés à fournir au secteur bancaire canadien, selon une étude du CCPA effectuée par David Macdonald (*The Big Banks' Big Secret,* avril 2012), une aide ponctuelle d'au moins cent quatorze milliards de dollars. Sinon, comment les grandes banques du pays auraient-elles pu enregistrer des profits de l'ordre de vingt-sept milliards de dollars entre le quatrième trimestre de 2008 et le deuxième trimestre de 2011, alors que sévissait la pire crise économique depuis les années trente?

Ni corruption, ni exception, l'austérité est depuis plus de vingt ans une doctrine structurante de l'action des gouvernements québécois et canadien. Cela dit, il y a derrière l'enjeu du contrôle de la dette quelque chose de plus que la simple réduction du train des dépenses de l'État. L'austérité, comme la reine d'Angleterre, « c'est juste symbolique ». Mais ne sous-estimons pas l'importance des symboles. Les informations qu'ils véhiculent ne sont jamais dénuées de sens. En ce qui a trait à l'austérité, le message varie en fonction du destinataire. Il s'agit d'abord d'une manière de dire au citoyen ordinaire, mieux connu de nos jours sous le nom de *contribuable* :

« Débrouille-toi ! » Il est fini le temps où les gouvernants prenaient la main de vos enfants pour les amener à l'école du quartier. Fini le temps où l'État vous apportait un verre de lait chaud au lit pour apaiser votre vilaine toux. Révolue aussi l'époque où le bon gouvernement offrait une nouvelle hanche à votre belle-mère pour réparer le passage des années et de l'arthrose dans sa jambe boiteuse. Quand les temps sont durs, tout le monde est prié de faire sa juste part et chacun doit être responsable de sa progéniture, de sa gorge et des articulations de ses aïeuls.

Mais « austérité », c'est aussi le nom de code qu'utilisent les politiciens responsables pour envoyer à la communauté des affaires un message clair : « ici, soyez-en certains, les investisseurs sont les bienvenus », « ici, on augmente les tarifs d'électricité pour monsieur et madame Tout-le-monde, parce qu'on ne peut pas dépenser au-dessus de nos moyens, mais on la vend au rabais à l'Alcoa, parce que c'est bon pour les *vraies affaires* », « ici, ne vous inquiétez pas, on ne perd plus notre temps avec les enfants, les malades et les vieux. »

N'en déplaise aux adversaires du « gouverne-maman » – une expression non consacrée tout droit sortie de l'imagination fertile de Joanne Marcotte, militante au sein du Réseau Liberté-Québec –, le modèle québécois contraste nettement avec leur fantasme d'un État gavant les citoyens de services gratuits rendus, de surcroît, par des fonctionnaires grassement payés et tellement blindés qu'il faut une raison pour les mettre à la porte (scandale!). Au contraire, le gouvernement cherche à couper le cordon entre lui-même et les citoyens. Il aimerait pouvoir réduire autant que possible l'impôt des contribuables, une manière comptable de dire que l'État social doit devenir une relique du passé. Idéalement, il se contenterait d'être un fournisseur de services parmi d'autres pour une masse de consommateurs soucieux d'investir tantôt dans leur santé, tantôt dans leur formation professionnelle. Quand l'austérité devient la solution à la présumée faillite qui guette la province, cette « menace » qui « enchaîne notre liberté », selon le jugement proportionné du bon docteur Couillard, le citoyen-consommateur qui en veut pour son argent apprend pour sa part à modérer ses attentes envers l'État, et pousse un soupir de soulagement chaque fois que Moody's et Standard & Poor's confirment la cote de crédit du Québec. Le poids de la dette par rapport au PIB québécois est pourtant en baisse depuis vingt ans. D'après les chiffres colligés par l'économiste Pierre Fortin, ce ratio est passé de 60 à 50 % entre 1997 et 2008, avant de remonter à 54 % au début de 2014 à cause de la crise financière de 2008 et de ses conséquences sur l'économie mondiale. Il faut croire que les mythes ont la vie dure.

Jean-François Lisée soutient qu'en 1996, Lucien Bouchard jugeait préférable d'atteindre l'équilibre budgétaire avant d'organiser un troisième référendum sur la question de l'indépendance de la province. Loin de constituer une lubie personnelle, cette nouvelle profession de foi était au contraire en phase avec la conversion de l'élite québécoise à la religion du grand capital, complétée avec succès à la suite de la défaite référendaire de 1995, comme l'expliquait François L'Italien dans le numéro de février 2014 de *L'Action nationale*. Depuis, cette élite « ne souhaite pas tant […] abolir [les institutions de la société québécoise] que les réorienter en fonction de ses fins et ses intérêts propres », ce qui, pour résumer, signifie de mettre l'État au service de la croissance des profits privés.

Ainsi, à travers sa passion pour l'ascèse, la classe politique québécoise cache bien mal le fait qu'elle se soit tournée vers un nouveau gourou, une nébuleuse appelée « finance » et qui parle principalement à travers la voie diffuse des marchés et celle plus distinctive des agences de notation. La dévotion de la classe politique envers les acteurs financiers est telle que si ceux qui prêchent en faveur du déficit zéro revêtaient l'aube et l'étole, on croirait avoir affaire à des fanatiques ; comme ils arborent généralement le complet-cravate, ils ont réussi à nous convaincre que leur attitude relevait de la plus grande lucidité.

Ce n'est qu'au prix de sa souveraineté qu'une communauté politique peut satisfaire ces entreprises formellement spécialisées dans l'évaluation financière mais officieusement douées pour dicter à des gouvernements que l'on se plaît encore à qualifier de « démocratiques » l'orientation à donner à leur politique budgétaire. Nos représentants ont choisi leur camp et répètent ad nauseam qu'ils ne jurent que par le contrôle des dépenses publiques. Ce faisant, on ne semble plus s'émouvoir à l'idée que l'État est, par ailleurs, toujours prêt à délier les cordons de la bourse lorsque de grandes corporations à la recherche d'un « environnement d'affaires favorable » viennent cogner à sa porte – un euphémisme concocté à l'ombre d'une école de commerce pour désigner ce qu'on devrait peut-être ranger sous le vocable de juridiction de complaisance. Or, aussi longtemps que la majorité silencieuse sera terrorisée par la question de l'équilibre entre les dépenses et les revenus, elle risquera moins de se préoccuper de savoir pour *quoi* on dépense et de *quelle manière* on garnit le trésor public. Pour l'heure, le lieu du pouvoir s'est déplacé et nous regardons le souverain partir au large au lieu de prendre d'assaut le bateau.

[*Liberté* n° 306]

Bienvenue en Austérie

ÉRIC PINEAULT

Il faut vivre selon ses moyens, ne pas dépenser l'argent qu'on n'a pas. Cesser de rouler en Cadillac si on peut juste se payer une sous-compacte. Ne pas refiler la facture à nos petits-enfants. Le Québec est dans le rouge. Notre déficit est structurel. Nous fonçons droit dans le mur. La dette, la dette, la dette (indication au lecteur : lire ces mots à voix haute avec une tonalité stridente qui, progressivement, communique l'hystérie). Ayons le courage d'agir. Il n'y a pas de vaches sacrées. L'immobilisme doit cesser. Ne pas céder aux groupes de pression et aux syndicats. Chacun doit « faire sa part », en commençant par toi.

On croule sous l'impôt. Nous, la classe moyenne la plus taxée en Amérique : du travailleur autonome, qui vit dans un loft à St-Henri, à Joe Pickup, jobbeur de Terrebonne, en passant par Maryse, commis au service à la clientèle. Plus capable de payer, surtout pas pour toi. Toi, le col bleu de la ville, l'enseignant, l'infirmière, le répartiteur, l'assisté social, l'inspecteur, le vérificateur, le gratteux de papier qui fait je ne sais quoi de ses journées dans un bureau au onzième étage du complexe G, toi, la petite famille qui aurait dû y penser deux fois avant d'avoir un deuxième enfant.

La solution? *Abolir.* Abolir les commissions scolaires, le Conseil du statut de la femme, l'Office de la langue française, Télé-Québec, la permanence dans le secteur public, les régimes de retraite à prestations déterminées, les CPE, les congés parentaux, les cégeps, les élections scolaires. *Couper.* Couper dans la fonction publique : les cadres, les employés municipaux; couper les subventions aux artistes, aux cinéastes qui font de mauvais films, qui ne sont même pas drôles; couper l'aide sociale, le nombre de députés; couper dans le gras. *Privatiser.* Privatiser Hydro-Québec, la SAQ, la SÉPAQ, les ponts, les ports, les autoroutes, la Caisse de dépôt et placement.

Ils se sont exprimés et s'expriment toujours. Depuis le début de l'automne, la rumeur se fait de plus en plus insistante au Québec. Après quelques années de répit, le temps de se remettre du recul de 2012, les « austériens », comme on les appelle au sud de la frontière, se sont regroupés et passent de nouveau à l'offensive. Le budget libéral de l'été 2014 a planté le décor. Outre d'importantes compressions budgétaires inattendues, on nous annonce des temps difficiles et, surtout, question de saturer le débat public, on établit une « Commission de révision permanente des programmes », dont le mandat est de fournir des recommandations sur la réduction de la taille de l'État suite à un « dialogue social » qui a commencé dès l'automne. C'est à cette fin qu'une « consultation web » a permis à chaque citoyen de présenter ses idées. En voici la prémisse : « Nous vivons au-dessus de nos moyens. » Quatre questions se posent alors : 1 / Quelles sont vos propositions afin de réduire, de façon durable, la taille des dépenses publiques en fonction des priorités d'aujourd'hui ? 2 / Quelles sont vos suggestions afin que l'État fasse des économies récurrentes ? 3 / Quels programmes pourraient fonctionner autrement, et de quelle manière ? 4 / Quels programmes et quels organismes ont perdu leur pertinence dans le contexte d'aujourd'hui, et pourquoi ? À la fin de la première semaine de consultation, il y avait plus de cent pages web de lieux communs comme ceux que j'ai présentés au début de ce texte.

Trente ans de fatalisme fiscal, martelé dans la presse écrite, à la radio et à la télévision, repris et remâché par les instituts économiques, les personnalités politiques, les chroniqueurs d'humeur et autres experts. Un long et insidieux travail d'éducation populaire fait avec patience et assiduité, qui devrait faire rougir de gêne toute organisation progressiste ou environnementale, et conclu par une bataille culturelle gagnée haut la main. L'idée de l'austérité est d'une simplicité désarmante et elle est devenue, dans la culture populaire, hégémonique. Dans le conflit politique qui oppose les austériens aux progressistes, les austériens ont remporté une première victoire et il faut en prendre acte. L'austérité est une habitude culturelle que la majorité des Québécois et des Canadiens ont intériorisée. Elle filtre les perceptions, prépare les réponses et les questions, conditionne les attentes et préfigure les jugements.

Comme le souligne, dans ses *Cahiers de prison,* le philosophe Antonio Gramsci, l'idéologie n'est pas uniquement une affaire de grands discours. Elle est aussi et surtout composée de petits monologues au quotidien qui chuchotent dans le coin de notre esprit, qui bruissent sur fond de radio ou de télévision, qui se cachent entre les lignes des articles de journaux et des médias sociaux. C'est là, incrustée dans notre culture ordinaire beaucoup plus que dans le discours formaté d'un ministre des Finances, que l'austérité a son maximum d'efficacité, et elle est tenace. Une vraie teigne. Et la lutte contre ce néolibéralisme au quotidien, contre ces lieux communs, est peut-être un des défis les plus importants qui nous attendent dans cette longue guerre culturelle. L'enjeu dépasse de loin le prochain budget à Québec ou à Ottawa. Il ne s'agit pas d'une lutte pour sauver un service public, des emplois, une prestation ou un programme. Il ne faut surtout pas penser qu'il est question d'un mauvais moment à passer, d'une simple traversée du désert, ou qu'on doive tout simplement se serrer la ceinture le temps d'atteindre un fantomatique équilibre budgétaire. Non, l'austérité est un levier de transformation sociale. C'est une idée simple dont la force exerce une action continue sur la société et l'État. Elle instaure un état d'exception et ne vise rien de moins qu'une révolution conservatrice permanente. Mais, évidemment, c'est plus compliqué que cela. Il faut passer par de nombreux détours pour comprendre l'austérité et s'armer contre la puissance corrosive de sa simplicité.

Les économistes ont une affection particulière pour les métaphores provenant de la mécanique des fluides (compression, injections, inflation, déflation, liquidité). La myriade de pratiques économiques dans la société est ainsi réduite à un ensemble de flux qui représentent les richesses grâce auxquelles nous produisons notre mode de vie. Je travaille moi-même avec ces concepts plutôt fantaisistes, mais parfois utiles, pour comprendre l'économie monétaire de production d'une société comme un tout : la totalité de la richesse sociale produite par le travail et échangée sous la forme de biens et services contre une rémunération monétaire. Évidemment, la richesse n'est pas que monétaire. Tout travail n'est pas rémunéré et les biens et services peuvent s'échanger selon d'autres logiques que l'achat et la vente. Toutefois, pour le moment, examinons uniquement cette économie-là, c'est-à-dire celle que mesure le PIB et, de surcroît, celle dans laquelle baigne l'État, car ses revenus et ses dépenses font partie des flux que capte le PIB. Au Québec, ces flux comptent pour presque trente pour cent de l'économie monétaire. Loin d'être une exception, cette taille de notre « économie publique » se compare à celle des autres économies capitalistes avancées. Réduire la taille des dépenses publiques de manière « durable », c'est réduire cette proportion de l'économie publique dans l'économie globale. Examinons par le biais de la métaphore de « boucles macro-économiques » les implications d'une telle réduction.

Commençons par une petite boucle. Pour dépenser en santé, en éducation, en services sociaux, pour soutenir notre culture, l'État doit amasser des revenus. Il le fait par le biais du système d'imposition. L'économie publique apparaît dès lors comme une excroissance de l'économie privée. Son existence repose sur une ponction ou un transfert de richesse du privé vers le public ou, pour reprendre l'image populaire, « de nos poches vers les coffres de l'État ». Un lieu commun austérien résume cela : pour redistribuer de la richesse (par exemple en soutenant la démarche de certains artistes), il faut d'abord la créer (en vendant des boulettes de fer aux Chinois). On masque dès lors le fait que les dépenses publiques sont en elles-mêmes une forme de création de richesse, souvent de nature collective et, donc, loin d'être une ponction sur l'économie privée. L'économie publique est son complément nécessaire, produisant les biens et services (la culture, les routes, les ponts, les cégeps et les CLSC) qu'aucun entrepreneur privé et aucune grande corporation, pour toutes sortes de raisons, ne sont motivés à produire (surtout parce qu'ils cherchent avant tout le profit) sous une forme qui serait bénéfique à la collectivité.

Avertissement : malgré les apparences, nous sommes ici encore sur le terrain des austériens et du néolibéralisme, mais déjà nous pouvons développer quelques contre-arguments. Sur le plan des idées, nous pouvons arguer que la captation de flux de revenus privés afin de les diriger vers la production de biens et services publics est légitime puisqu'elle correspond à la rémunération de biens et services nécessaires à la collectivité. Si elles sont nécessaires, ces dépenses doivent être financées et, pour le faire, il faut peut-être regarder du côté de la colonne des revenus plutôt qu'uniquement du côté des dépenses. Bref, être plus imaginatifs avec la manière avec laquelle l'État collecte ses revenus. Nous pouvons même exiger que cette collecte ait des « effets progressistes » dans l'économie, en redistribuant de la richesse ou en pénalisant certains comportements économiques (le tabagisme), et en en récompensant d'autres (les dons aux organismes de bienfaisance). Mais, comme nous sommes toujours sur le terrain des austériens, nous devons démontrer que cette petite boucle de l'économie publique ne mine pas le dynamisme de l'économie privée, qu'il y a un équilibre entre les deux secteurs.

Une grande partie du « dialogue social » que nous imposent les austériens s'appuie sur cette petite mécanique. Dommage, car pour comprendre véritablement l'impact de l'austérité et y riposter, il faut situer nos arguments dans la « grande boucle » du circuit macro-économique. Lorsqu'une entreprise ou un ménage envisagent une dépense, ils font en quelque sorte la promesse que quelqu'un d'autre, encore indéterminé, recevra un flux de revenus. C'est une des raisons pour laquelle les économistes angoissent énormément sur l'état de la « confiance des ménages » et sur les « intentions de dépenses et d'investissements » des entreprises. C'est l'optimisme et le pessimisme, beaucoup plus que la froide rationalité du calcul, qui font et défont les cycles de nos économies. Or, imaginez l'effet de l'humeur d'un acteur qui compte pour trente pour cent de l'économie ! Même la plus grande multinationale active au Québec n'a pas cet impact. Les dépenses publiques, et surtout l'investissement, ont un effet d'entraînement sur le reste de l'économie. Tout gestionnaire d'une entreprise culturelle le sait. L'arrivée d'une subvention se traduit immédiatement par des dépenses en construction, en rénovation, en salaires, en achat de matériaux et, chemin faisant, ces flux finissent par nourrir les revenus de l'État en taxes et en impôts sous une forme ou une autre. Un État doit donc penser autrement la boucle économique; ses dépenses sont un déterminant crucial de l'activité économique globale, représentant presque le tiers de l'économie, où *combien* et *comment* il dépense a un impact décisif sur la direction que prend notre développement matériel (plus de dépendance au pétrole comparativement à une sortie du pétrole), et où toute annonce de diminution de ses dépenses sera automatiquement comprise par tous comme une annonce que leurs revenus futurs seront moindres. Dépenser d'abord et *ensuite* penser le système fiscal, pour recapturer assez de revenus afin d'équilibrer à long terme les finances publiques. Selon cette approche, plus l'État dépense intelligemment, plus l'économie globale pourra croître, et plus ses revenus fiscaux augmenteront. A contrario, moins l'État dépense, plus la croissance de l'économie globale risque de ralentir, et plus ses revenus diminueront.

Ainsi, penser la boucle économique autrement, c'est-à-dire en plaçant le niveau des dépenses avant les revenus, nous permet d'avoir tous les éléments pour un véritable dialogue social sur l'avenir de notre économie publique. Celui-ci tourne autour de trois questions très différentes de celles que nous proposent le gouvernement Couillard et ses austériens, soit : 1 / Quel est le volume optimal de dépenses que le gouvernement doit effectuer pour garantir une forte croissance et le plein emploi durable ? 2 / Outre la reproduction de nos institutions publiques, quels biens et services collectifs devrions-nous produire dans cette économie publique, c'est-à-dire à quels objectifs répond la production de richesse sociale en commun ? 3 / Comment organise-t-on un système fiscal juste, équitable et légitime qui capture suffisamment de revenus monétaires pour valider les dépenses publiques et limiter les poussées inflationnistes ?

Poussons l'audace plus loin. Intégrons la question de la dette dans notre grande boucle. Il est normal dans une économie monétaire de production de faire la distinction entre les dépenses courantes et les dépenses d'investissement et de financer ces dernières, sachant que les biens ou services qu'elles nous procurent ont une durée de vie plus longue et un usage qui génère de la richesse. Un gouvernement investit constamment et finance ses investissements en s'endettant, soit auprès de sa banque centrale (ce n'est plus vraiment à la mode, c'est « tellement 1970 ! »), soit en émettant des titres sur sa dette, sur laquelle il doit payer un intérêt. Dans le cas d'une économie comme celle du Québec ou du Canada, ces titres sont extrêmement précieux, car ils constituent un placement à long terme (plusieurs années, voire quelques décennies) où le risque est presque nul. Cette dette engendre évidemment un flux de dépenses supplémentaires que le gouvernement doit payer à même ses revenus.

Mais, encore une fois, pensons autrement. Que représentent ces dépenses en intérêts, ce service de la dette? Dans le cas du Québec et du Canada, notre dette en titres est détenue largement par des fonds de pension d'ici et des assureurs, ainsi que par les institutions financières. Une partie importante des dépenses en intérêts enrichit donc nos régimes de retraite… La dette publique est une créance pour l'État et, surtout, un actif pour ceux et celles qui la détiennent. Rembourser la dette signifie assoiffer nos régimes de retraite, priver les individus et les collectivités de la chance de détenir une partie de leurs épargnes sous la forme d'un investissement dans notre richesse collective. Nous validons le service de la dette de la même manière que nous validons les autres dépenses publiques, par le biais de la capture de revenus par l'impôt et les taxes, lesquels croissent à la même vitesse que l'économie. Donc, finalement, tant que l'économie croît plus rapidement que la dette et le service de la dette, il n'y a aucune raison de paniquer. Il ne faut surtout pas rembourser la dette ; mieux vaut la refinancer, et ce, pour toujours.

Toute cette pensée à l'envers vous donne certainement le tournis : dépenser pour avoir des revenus, une dette qui est un actif... Mais surtout, vous vous dites que ce n'est pas ainsi que les choses se présentent en ce moment. C'est-à-dire que ni Ottawa ni Québec ne fixent le niveau des dépenses publiques de manière à provoquer une croissance économique forte et vigoureuse en soutenant le développement de l'économie publique et le plein emploi. Non, notre monde est celui des idées simples des austériens. Et pourtant, nous n'échappons pas à la logique de la pensée à l'envers, au contraire, c'est précisément sur cette grande boucle que reposent les espoirs réels des austériens.

Si nous acceptons que les dépenses publiques : 1 / ont un impact décisif sur la croissance et le niveau de l'emploi ; 2 / qu'elles orientent le développement économique ; 3 / que la fiscalité sert à recapturer après coup une partie des revenus générés par l'effet des dépenses publiques, alors qu'arrive-t-il lorsque nous comprimons systématiquement les dépenses ? Lorsque nous mettons de côté une partie des revenus de l'État (dans un Fonds des générations, par exemple) en pensant un jour rembourser une partie de la dette et que, finalement, nous baissons les impôts des entreprises et des particuliers plus aisés, notre économie, publique et privée, tombe dans ce qu'on peut appeler une « trappe d'austérité-stagnation ». Les politiques d'austérité appartiennent à la famille des prophéties autoréalisatrices : plus tu comprimes tes dépenses publiques, plus l'économie stagne, plus tes revenus baissent, plus tu t'enfonces dans une situation budgétaire déficitaire ; et rebelote ! Plus tu comprimes tes dépenses... Nous avons ici les ingrédients pour une longue période de stagnation économique.

Conséquemment, l'austérité, la vraie, celle imposée par les austériens, qui comprennent le fonctionnement de la grande boucle macroéconomique, n'a jamais visé « l'équilibre budgétaire », dans le sens étroit de l'atteinte dans le court ou moyen terme d'un équilibre entre les revenus et les dépenses de l'État. Ne soyons pas naïfs et laissons ces croyances aux Richard Martineau de ce monde ! Non, le vrai travail de l'austérité se fait à long terme. L'austérien utilise la trappe d'austérité-stagnation (c'est-à-dire plus tu coupes, plus tes revenus baissent) pour restructurer de manière profonde l'économie publique et nos institutions collectives. Ils recherchent deux résultats. Le premier fut énoncé sans pudeur par un ancien ministre des Finances libéral : au beau milieu de la récession qui suivit la crise de 2008, Raymond Bachand se fit le promoteur d'une nouvelle « révolution culturelle ». Rien de moins! Celle-ci visait le rapport entre le citoyen et l'État et consistait d'abord à habituer le premier – car la culture est beaucoup une question d'habitude – à exiger moins du second pour qu'il développe le réflexe de chercher du côté de l'économie privée et de la grande entreprise les services et biens collectifs qu'il pouvait trouver auparavant du côté de l'économie publique. Cette révolution culturelle visait aussi à changer la nature de ce qu'il devait rester d'économie publique; grâce à la tarification, on lui donnerait une allure d'économie privée. Le citoyen se rapporterait aux services publics comme un acheteur se rapporte à toute autre marchandise : « Tu utilises, eh bien tu paies, mon gars! En argent comptant de préférence. » La richesse collective devenait soudainement une vaste collection de marchandises payables à la livraison : Couche-Tard, CLSC, Vidéotron, cégeps, CPE. Une telle révolution culturelle n'est possible qu'en maintenant l'économie publique en état de crise permanente. Et ce n'est que le premier objectif des austériens.

Le second objectif est plus ambitieux : la crise fiscale, et l'austérité qui en découle, est aussi une manière de maintenir l'État, c'est-à-dire l'ensemble des institutions, organisations et entreprises qui constituent l'économie publique (ce qui inclut aussi les organismes de la société civile, des arts, de la culture, bref, toute l'économie sociale) dans un état d'instabilité permanente, climat propice à une transformation en profondeur de cet ensemble. Dans ce contexte de crise, il est plus facile de multiplier les contrôles et audits, de revoir les mandats, objectifs et moyens, de contraindre au partenariat avec « le marché ». Et donc, d'imposer une « réingénierie permanente » de l'État et de la société. Ce ne sont pas seulement les entités – ministères, écoles, commissions scolaires, CLSC, groupes communautaires, sociétés d'État – qui sont maintenues ainsi, mais aussi et plus particulièrement les gens qui y travaillent. L'insécurité, la flexibilité forcée, la précarisation rampante, inévitablement accompagnées d'insatisfaction et de cynisme devant ces absurdités, sont un ensemble d'effets subjectifs que l'austérien cherche à générer à long terme. L'économie publique et l'État sont ainsi pris en tenaille, de l'extérieur, par le contribuable-consommateur qui en veut pour son argent et souhaite pouvoir magasiner ses services et, de l'intérieur, par la diffusion d'une nouvelle gestion publique qui, au nom de l'amincissement de l'État, multiplie les contrôles, le nombre de cadres et les projets de réforme et de restructurations au détriment du développement de la capacité de produire à la base, et pour les collectivités, des biens et services, et ce, de manière juste et efficace.

L'austérité est un projet politique et culturel, qui se passe au Québec, avec notre commission d'austérité permanente, nos budgets sacrificiels et la clameur des austériens ; elle s'inscrit dans un mouvement beaucoup plus vaste, dépassant nos frontières ainsi que celles du Canada. L'austérité est un projet global, un projet de classe qui vise à rasseoir le pouvoir des élites économiques partout en Amérique et en Europe, leur permettant d'avoir les « deux mains sur le volant » comme ils ne les ont pas eues depuis la grande crise de 1929 et la construction de l'État-providence, en tandem avec la montée en puissance du salariat. Ce projet global gagne un pays après l'autre, un État après l'autre. Entre 2010 et 2012, le Québec a vécu l'expérience d'une première offensive austérienne. Le mouvement étudiant et ses alliés ont été capables de briser cet élan et de limiter les dégâts. Trois ans plus tard, avons-nous encore en nous assez de force et d'espoir pour résister une seconde fois ? La réponse à cette question dépend, je crois, d'un ensemble de réponses à une autre question qui est plus fondamentale : si nous choisissons la lutte, elle sera menée au nom de quoi ? Qu'avons-nous à proposer par-delà le statu quo et la « défense des acquis » ? Quel projet politique et culturel pouvons-nous mettre de l'avant contre l'austérité ?

[*Liberté* n° 306]

La révolte des riches

GABRIEL NADEAU-DUBOIS

En novembre 2006, le multimilliardaire américain Warren Buffet se confie à un journaliste du *New York Times*. Questionné sur les déséquilibres troublants de la fiscalité américaine, l'emblématique self-made-man admet candidement ne verser à l'État, toute proportion gardée, qu'une fraction de l'impôt payé par la plupart de ses secrétaires. Étonné, le journaliste Ben Stein lui répond que si de tels propos étaient tenus par un politicien, il serait aussitôt accusé de vouloir réanimer la lutte des classes. Le milliardaire s'exclame, du tac au tac : « *There's class warfare, all right, but it's my class, the rich class, that's making war. And we're winning.* » On ne pouvait être plus clair.

Alors que les syndicats et les partis politiques progressistes ont depuis longtemps épuré leur discours de telles références marxisantes, la déclaration a de quoi surprendre. Elle mérite qu'on s'y attarde. L'homme d'affaires – qui, en termes de fortune personnelle à l'échelle planétaire, vient actuellement au troisième rang, selon le palmarès dressé par le magazine *Forbes* – ne fait pas ici qu'admettre l'existence de la lutte des classes ; il affirme surtout faire partie de la classe qui

« mène » et « gagne » la guerre. Manifestement, le milliardaire a tout à fait conscience des intérêts de l'*overclass* à laquelle il appartient et il sait quel programme politique ces intérêts commandent : attaquer les politiques fiscales progressives et, par extension, tout ce qu'elles permettent de financer.

La déclaration de Buffet n'est pas qu'anecdotique. Elle est révélatrice de l'état d'esprit qui règne depuis au moins trente ans au sein de l'élite politique et économique américaine, et pas qu'américaine. Pendant que la gauche se « citoyennise » et se replie sur la défense des minorités et la lutte contre la discrimination, ceux qui gouvernent sont restés lucides : les ultrariches ont compris qu'ils ont tout à gagner, comme groupe, à nous convaincre que nous n'existons que comme individus. Warren Buffet a raison deux fois. Sur la persistance de la lutte des classes, évidemment, mais aussi sur le fait qu'il semble n'y avoir qu'un seul des deux camps qui « mène » réellement cette guerre de manière proactive.

Les mirages du néolibéralisme

Pour mieux la comprendre, il faut replacer l'offensive dans son contexte : celui d'un modèle économique essoufflé et chambranlant, qui n'a pas rempli ses promesses, un modèle qui, au sortir de la crise des années soixante-dix, promettait le retour de la croissance et de l'emploi. Pour cela, il fallait privatiser, déréglementer, se lancer dans le libre-échange. Le néolibéralisme promettait à la fois la liberté et la prospérité. Quelques décennies plus tard, le portrait est tout autre.

Depuis 1980, les familles des salariés voient leurs revenus d'emploi au mieux stagner, la plupart du temps diminuer. Pendant ce temps, les plus nantis s'enrichissent encore. Pire, plus ils sont riches, plus ils le restent : au Québec, depuis trente ans, le revenu du 1 % des plus riches a augmenté cinq fois plus vite que celui de 99 % des gens. Cet écart vertigineux a été mesuré avant impôts ; après redistribution de la richesse par le biais des allocations, crédits d'impôts et autres transferts, on constate que les inégalités sociales – en ce qui concerne le revenu disponible, donc – sont relativement stables. Soyons clairs : la classe moyenne d'ici s'en est tirée beaucoup mieux que sa voisine du Sud, mais uniquement parce qu'elle a profité de la fiscalité progressive du « modèle québécois ». Pourtant, c'est en son nom que la droite réclame constamment des mesures d'austérité et de privatisation des institutions publiques, à commencer par des baisses d'impôts. Ici comme aux États-Unis, une proportion grandissante de salariés comptent dorénavant sur ces promesses, pour une raison fort simple : puisque personne n'explique aux travailleurs que leur niveau de vie se maintient grâce aux impôts et aux services publics qu'ils financent, nombreux sont les

citoyens estimant qu'ils s'enrichiront individuel-
lement grâce à des baisses d'impôts.

Jouer la classe moyenne contre elle-même

Pour convaincre les salariés de combattre à
ses côtés, l'élite a mis en branle des moyens de
communication impressionnants et a recours
à un discours habile. Au Québec, il suffit de
syntoniser CHOI-FM ou d'ouvrir les pages du
Journal de Montréal pour le constater : c'est aux
« maudits BS », aux « intellos », aux « z'artistes »
et aux « maudits étudiants » que l'on fait porter la responsabilité de la soi-disant morosité
économique de la province. On enjoint le « vrai
monde » à réclamer du « changement ». Avec
insistance, on presse les auditeurs de se ranger
derrière les grands barons du monde des affaires
pour « relancer le Québec ». La rhétorique est
aussi efficace que perverse : en lançant les salariés québécois dans une guerre pour la respon-
sabilisation individuelle, l'élite détruit les raisons pour lesquelles les familles québécoises
se trouvent aujourd'hui dans une situation un
peu plus enviable que les familles américaines.
La « croisade contre les impôts » dont parlait
Paul Krugman dans le *New York Times* en septembre 2003 et que prêchent dogmatiquement
les politiciens néolibéraux et leurs idéologues
officiels n'est en effet rien d'autre qu'une guerre

contre l'éducation, la santé publique, les retraites, la culture – bref, contre tout ce qui a permis à la classe moyenne québécoise de ne pas décliner dans les dernières années.

Ceux qui espéraient que les crises répétées du capitalisme suffiraient à faire prendre conscience aux salariés de leurs intérêts communs devront se raviser. Loin d'avoir sapé les bases idéologiques et politiques du néolibéralisme, la crise de 2008 semble avoir donné du carburant aux tenants des politiques d'austérité. Les militants de gauche ont vite oublié qu'ils n'ont pas été les seuls à réagir fortement au premier budget Bachand, qui annonçait une vague historique de tarification des services publics. Une dizaine de jours à peine après le dépôt du budget, à l'invitation des radios populistes de la capitale, plus de dix mille personnes, à peu près autant que lors de la mobilisation des groupes sociaux quelques jours auparavant, ont défilé dans les rues de Québec. Les « cols rouges » – qui se définissent comme étant des gens « qui se [lèvent] le matin, qui [travaillent fort] ou qui [ont travaillé] toute [leur] vie » – manifestaient avec balais et vadrouilles, symbolisant leur demande à l'État de « donner l'exemple en coupant dans ses dépenses, avant de puiser dans les poches des citoyens ». On aurait tort de rester sourd à leur frustration, légitime à certains égards si l'on connaît et reconnaît la stagnation bien réelle des salaires, et au sentiment de trahison ressenti par une large portion de la classe moyenne face aux institutions de la social-démocratie. L'élite, elle, l'a bien compris et, grâce à une campagne extensive de propagande menée à travers ses « opinionistes » attitrés, elle canalise cette frustration et est en voie d'enrôler entièrement les salariés dans sa guerre sans merci contre ce qui reste de filet social. Utilisé massivement lors de la grève étudiante par le gouvernement Charest, l'argument de la « juste part » est d'ailleurs emblématique de ce retournement des salariés contre les conditions institutionnelles de leur propre statut social.

Le carré rouge, signe d'une riposte ?

Doit-on voir dans la mobilisation populaire du printemps 2012 la fin de cette lutte des classes unilatérale ? Assiste-t-on au début d'une réplique face à l'offensive de l'élite néolibérale ? Oui et non.

Oui, parce que la mobilisation étudiante de 2012 s'inscrit dans une montée internationale de contestation de l'agenda d'austérité postcrise, au sein de laquelle toute une génération refuse d'accepter « qu'il n'y ait pas d'autre possibilité », pour reprendre les mots de la Dame de fer. Oui, parce que la lutte a en grande partie été menée par des enfants nés de cette fameuse classe moyenne, de purs produits du réseau d'éducation échafaudé par la Révolution tranquille, qui ont refusé la « révolution culturelle » des libéraux de Jean Charest. Éric Pineault soulignait d'ailleurs dans *Le printemps de force* à quel point la réponse étudiante avait surpris l'élite politique et ses haut-parleurs médiatiques par son caractère « idéologique », au sens fort. Un refus principiel de l'ordre néolibéral s'y est bel et bien déployé et il y a lieu de s'en réjouir.

Non, parce que la gauche peine toujours à identifier et à mettre en œuvre les référents symboliques et les structures qui permettraient aux salariés de répondre de manière cohérente, en groupe, aux attaques de l'élite contre les institutions desquelles ils se sont dotés pour se protéger. En la matière, la grève étudiante du printemps 2012 ne fait pas exception : il faudrait avoir la vue bien courte pour ne pas admettre la difficulté qu'a eue le mouvement à rejoindre certaines parties de la population, à rassembler derrière lui une majorité de Québécois. La diversion médiatique planifiée autour de la désormais célèbre question de la « violence » y est certainement pour quelque chose. Cela dit, au moins à partir de l'été, la difficulté à canaliser le mouvement large derrière une « bannière » politique qui aurait dépassé le simple « non au néolibéralisme » et, plus encore, l'absence de relais institutionnels capables d'accueillir la mobilisation populaire sont apparues au grand jour. Les lendemains de l'élection ont confirmé ce blocage, alors que les deux partis ouvertement impliqués dans la mobilisation ont obtenu des résultats au mieux tièdes, sinon carrément décevants. Une réforme du mode de scrutin pour y intégrer une composante de proportionnalité me semble d'ailleurs être l'un des moyens à privilégier pour permettre à la situation de débloquer.

Plus largement, comment ouvrir la voie? Le renouvellement des mouvements sociaux, en premier lieu celui du mouvement syndical et des groupes écologistes, qui se sont, chacun à leur manière, emmurés dans la gestion technocratique de problèmes sectoriels, est à espérer. Plusieurs avancent, et peut-être pas complètement à tort, qu'il est temps de réfléchir à de nouvelles formes d'organisations politiques intermédiaires capables de canaliser les énergies à l'échelle communautaire. On chuchote d'ailleurs que le nouveau syndicat pancanadien Unifor envisagerait la création de *community chapters* qui pourraient accueillir des membres individuels ou des groupes citoyens, en association avec des locaux syndicaux traditionnels. Si de telles réformes ne permettent pas, à elles seules, de redresser la situation inquiétante du syndicalisme, il s'agit d'initiatives sur lesquelles nous devrions à tout le moins porter notre attention. Elles méritent qu'on y réfléchisse, a fortiori lorsqu'on connaît les difficultés des syndicats à intégrer les travailleurs issus de secteurs non traditionnels.

On dit que les crises sont aussi des occasions d'agir. Mais il ne faut pas croire qu'elles puissent faire tout le travail. Depuis la crise, si rien n'indique un affaiblissement du néolibéralisme, c'est tout simplement parce que les conditions *politiques* de son hégémonie sont toujours en place. Les militants pour la justice et la solidarité doivent aujourd'hui reconnaître la nature de leur tâche : non seulement trouver les *mots* pour nommer les antagonismes de classes encore bien réels, mais également mettre en place les *moyens* de la nécessaire lutte pour la réappropriation de nos conditions d'existence. Tout cela ne sera certainement pas facile. « Ce n'est pas parce que c'est difficile qu'on n'ose pas, c'est parce qu'on n'ose pas que tout devient difficile », répondrait Sénèque. En 2012, une poignée de jeunes Québécois ont osé. En fin de compte, cela ne s'est pas trop mal passé, mais il appartient maintenant à ceux qui les appuyaient de montrer que leurs applaudissements n'étaient pas que des encouragements cyniques et qu'ils ont retenu la leçon de la jeunesse, d'une certaine manière identique à celle de Warren Buffet : sans lutte, pas de progrès.

[*Liberté* nᵒ 302]

Chairs milliardaires

ALAIN DENEAULT

Parlons de l'économie qui procède de notre chair. La vitale, que l'autre, tout en calculs monétaires, vient seulement encoder. Pour s'en abstraire, et éviter qu'on en fasse cas. Faire l'économie des affects résume son programme. Revenons donc à cette économie de l'activité nerveuse, tout en quantum d'affects, en investissements, en monnaie de sens, en stratégies d'épargnes, dixit le lexique métapsychologique de Sigmund Freud. C'est d'elle, secrètement, qu'il est question dans l'enjeu d'accumuler du capital financier.

L'économie psychique, on l'entend depuis 1915, vise à maintenir bas le taux d'excitation de l'appareil nerveux. Satisfaire un besoin, donner libre cours à une pulsion, soulager une tension, c'est surtout, pour lui, réduire l'agitation qui le démange, d'où l'impression de plaisir, plus précisément l'assouvissement du désir. Accaparer quelque chose, manger, baiser… À travers des affirmations, des manifestations, des expositions ou des rapports d'objet, le sujet se trouve à la recherche de stratégies grâce auxquelles il dépensera l'énergie psychique cristallisée dans des intentions. Ce déploiement psychique procède d'un rapport qui va de l'intérieur vers l'extérieur en tant qu'il a cours sans heurt, pour ainsi libérer l'appareil moral de sa charge.

Si la métapsychologie nous a appris à y voir le résultat d'un processus de « dépense », on peut davantage associer le bien-être que ces réalisations procurent à la réalité d'une épargne. Ce dont jouit la psyché lorsqu'elle manifeste ses intentions relève en fait d'une économie d'efforts, en ce qu'elle n'a pas eu, à cette occasion, à faire un travail de refoulement. La société lui a laissé médiatiser, sans contrariété, l'accomplissement d'un désir. Autrement, il lui aurait fallu refouler. Ce qui lui arrive, hélas ! Le plus souvent, en effet, la psyché se voit contrainte au refoulement. Elle est continuellement appelée à contenir en son sein des assauts psychiques qui ne trouvent pas de correspondances dans les formes socialement admises, celles que Freud comptabilise à titre de « monnaie névrotique » (*neurotische Währung*).

Être riche, psychiquement, c'est se donner les moyens de manifester aussi aisément et fréquemment que possible ses intentions psychiques : surtout ne pas devoir les contenir dans de coûteux processus de refoulement. Car refouler est précisément ce qui fait augmenter le taux d'excitation psychique. D'où le malaise, le désagrément et l'agitation, toutes les névroses qui troublent les pauvres gens, devant une classe de dirigeants si maîtres d'eux-mêmes, sans parler de leurs cohortes d'experts et de porte-bouche si posés dans leur ordinaire. Pour les infortunés, il en coûte durablement de refouler; il s'agit d'un processus qui ne consiste pas à expédier une fois pour toutes hors du décor moral une intention n'ayant pas droit de cité dans l'économie générale des mœurs, mais d'un effort de tous les instants. Refouler, c'est tenir en respect une intention, jusqu'à ce qu'on arrive à négocier sa sublimation dans une forme dérivée ou à la travestir suffisamment pour qu'elle se faufile dans l'extériorité avec des allures décalées.

La monnaie, au sens courant d'une richesse thésaurisée par un système de codification socialement reconnu, participe de cette économie psychique. De ce point de vue, être riche consiste à faire, plus souvent que lorsqu'on ne l'est guère, l'économie d'actes de refoulement. Prenons ce placeur d'une maison de jeu qui doit escorter un soir un célèbre millionnaire, et dont traite le poète allemand Heinrich Heine dans une allusion que, plus tard, Sigmund Freud rendra célèbre : « Rothschild m'a traité tout à fait comme son égal, il m'a traité d'une manière tout à fait *familionnaire.* »

Le père de la psychanalyse a interprété ce mot d'esprit comme une manifestation de l'inconfort du personnage déclassé, une fois confronté à celui qui jouit d'un statut social supérieur au sien. « La condescendance d'un homme riche a toujours quelque chose de fâcheux pour celui qui en fait l'expérience. » On comprend surtout, si on inverse la proposition, que les titres de richesse constituent un passeport vers la condescendance. Ce que le placeur de Heine suggère finement. La richesse et ses attributs donnent libre cours à de viles attitudes que la condition d'homme fortuné vient de toutes les manières racheter. L'ostentation de la richesse passe elle-même pour une monnaie qui transmue les désaveux attendus en marques de reconnaissance. Mépriser devient alors de bon aloi.

À tous les instants, le puissant fait donc l'économie du refoulement. Lui sont étrangers les efforts psychiques qui constituent le lot des personnes ordinaires – c'est-à-dire conformes à l'ordre – pour se montrer nécessairement humbles, frugaux, retenus, obéissants et même respectueux. Il fait bon être riche et jouir sans entraves des rires sardoniques qui jaillissent en soi lorsqu'on est affranchi des contraintes dont les misérables font les frais. Les dérapages misogynes d'un magnat italien de la presse devenu président du Conseil des ministres de son pays en témoignent, tout comme la prétention à l'impunité d'un ex-dirigeant du Fonds monétaire international aujourd'hui accusé d'avoir trempé dans les affaires interlopes de proxénètes vomitifs, sans parler de cet héritier d'empire se proposant dans son coin de pays de conduire les destinées d'historiques sociétés d'État malgré son incompétence notoire. À ces démonstrations de puissance qui achèvent de bafouer le principe de réalité s'ajoutent des sophismes exaltés, dont le premier consiste à présenter les possédants comme créant de la richesse au bénéfice d'autrui, tandis qu'ils la ponctionnent en vérité. La science du leadership les conforte dans leur présomption délirante, d'autant plus qu'elle est enseignée dans les universités qu'ils commanditent et propagée dans la presse économique qu'ils détiennent. L'argent, quand on le concentre massivement, pulvérise la barrière des scrupules. Georg Simmel a résumé la situation avec justesse dans son essai de 1896, *L'argent dans la culture moderne* : « Bien des gens sont enclins à se comporter avec beaucoup moins de conscience morale et de manière plus louche dans de pures affaires d'argent que lorsqu'il s'agit de faire quelque chose de douteux éthiquement dans d'autres relations. » Cet argent peut libérer ceux qui le possèdent de l'impératif de l'éthique. Investissement suprême, on est prêt à bien des efforts pour se hisser socialement au stade où tous les efforts psychiques nous seront épargnés.

La rétribution de l'effort psychique

La chose pécuniaire joue un tout autre rôle pour qui cherche à l'acquérir sous la forme d'un salaire qui, loin d'autoriser un laisser-aller moral, rétribue au contraire un surcroît de travail psychique. L'argent finance alors d'emblée un effort considérable de refoulement, celui de se taire. « Ta gueule, je te paie » est la première injonction implicite qui accompagne la rétribution salariale. La chose est si claire que les employés qui ont pour mandat de maintenir le secret professionnel dans leur secteur d'activité, en médecine, en droit ou en politique par exemple, voient leur rétribution majorée. Et les effets de cette obligation se manifestent de manière spectaculaire. On a un jour envoyé une équipe d'enquêteurs dans un ministère particulier pour chercher à comprendre pourquoi les fonctionnaires tombaient en dépression comme des mouches. L'étude a conclu que le personnel craquait en raison de l'écart trop grand entre ce qu'il était tenu de divulguer formellement et ce qu'il savait être vrai. Maintenant, à l'ère du management et de la culture d'entreprise, l'injonction s'accentue pour devenir « Souris, je te paie, engage toute ta personne dans les prestations que je te demande, je te paie, mobilise ton réseau personnel pour ta cause professionnelle, je te paie… » L'expression insensée voulant que « le client ait toujours raison » constitue une autre de ces devises – ou monnaies – exigeant énormément sur le plan psychique de la part de qui en subit les conséquences.

Le média de l'argent, dans les transactions auxquelles il préside, constitue un agent de refoulement des scènes d'une violence inouïe. Ce quantum de férocité se manifeste nettement dès lors qu'on s'imagine au restaurant commander un repas, le déguster et quitter les lieux sans régler l'addition. Quel pouvoir de cœrcition, s'en rend-on compte, représente ce moyen qui octroie l'autorisation de commander (à) autrui ! La violence reste, mais tue, car l'argent permet d'en faire l'économie : si on est riche, on la nie tout en l'exerçant, si on est pauvre, on la refoule tout en s'y soumettant. Dans le premier cas, il s'agit de ne jamais la nommer et de jouir des prérogatives sourdes qu'elle dispense, dans le second, il s'agit de la censurer et d'intérioriser ses logiques imperceptibles. La logique se déglingue le jour où un placeur confronté à l'arrogance du baron de Rothschild se permet un moment d'humour qui déplace en un éclair ces rapports de conscience.

L'humour du pauvre

Le trait d'esprit permet de détourner une situation pour la scénariser autrement. Grâce à lui, les dignitaires et honorables personnages sont nus et sombrent brutalement dans la farce.

Toute la rapace est là : des boss pis des femmes de boss, des barons de la finance, des rois de la pizza congelée, des mafiosos de l'immobilier. Toute la gang des bienfaiteurs de l'humanité. Des charognes à qui on élève des monuments, des profiteurs qui passent pour des philanthropes, des pauvres types amis du régime déguisés en sénateurs séniles, des bonnes femmes au cul trop serré, des petites plotes qui sucent pour monter jusqu'au top, des journalistes rampants habillés en éditorialistes serviles, des avocats véreux, costumés en juges à cent mille piastres par année, des lèche-culs qui se prennent pour des artistes. Toute la gang est là : un beau ramassis d'insignifiants chromés, médaillés, cravatés, vulgaires et grossiers avec leurs costumes chics et leurs bijoux de luxe. Ils puent le parfum cher. Sont riches pis sont beaux ; affreusement beaux avec leurs dents affreusement blanches pis leur peau affreusement rose. Et ils fêtent…

L'humour ne tardera pas à se noircir. Mais étrangement, les mots de Pierre Falardeau, immondes, sur lesquels on pourrait avoir tant à redire, gagnent presque, aujourd'hui, en dignité. C'est à eux qu'on pense, ce sont eux qui nous sauvent, même, lorsqu'on voit l'oligarchie mondiale se payer à Sagard un spectacle somptuaire aussi navrant que la plus ordinaire des programmations télévisuelles. Ce sont eux également qui affinent notre regard devant la scène sidérante du documentaire d'Andreas Pichler, *Le syndrome de Venise,* où l'on apprend que des millions de touristes mettent littéralement à sac les fondements de la cité vénitienne, en y jouant notamment les nobles anciens à l'occasion de faux bals masqués dans lesquels on leur fait porter des costumes d'époque.

Pierre Falardeau, dans la narration célèbre du *Temps des bouffons,* ne vient pas seulement donner un peu de hauteur testimoniale à tant de scènes qui deviennent hélas pour nous familionnaires, il montre également l'injustice à l'œuvre lorsque le pauvre et le riche s'entre-méprisent. Le cinéaste ne rend-il pas clair, en opposant de la vulgarité à la vulgarité, que c'est souvent au prix de l'autodépréciation que la pauvreté manifeste son existence, en cherchant à dénoncer le charme discret de la bourgeoisie. N'est pas seulement en jeu le mépris réciproque de deux hommes, mais le mépris réciproque d'un riche et d'un pauvre, ce dernier devant cependant s'avilir pour manifester ce sentiment partagé. Il y a là de quoi, même pour l'amateur de mots d'esprit, perdre rapidement de sa superbe. Soudainement plus cru et moins spirituel, le personnage de Heinrich Heine ne tarde pas à taxer les nantis, inconscients d'eux-mêmes tellement l'argent les pourrit, de « *Millionarr* », de *millio*niaisres, pour ainsi dire, *narr* désignant en allemand la bêtise.

Un tel relâchement psychique n'est pas sans risque. Ses conséquences restent très difficiles à prévoir et à assumer pour la psyché. Cette façon de se libérer n'est qu'une manière de se préparer à de nouvelles épreuves. Il est très rare qu'on en

sorte grandi. Reste alors l'inventivité, le détour-
nement, l'humour, la finesse, la créativité…
Toutes choses que jalouseront ceux que l'argent
a depuis longtemps exemptés de réfléchir à partir d'elles, et qu'ils s'accapareront sur le tard,
comme le reste, en commercialisant aujourd'hui
des modes qui hier confinaient dans la margina-
lité ceux qui les avaient initiées, en enseignant
dans les beaux collèges les textes sublimes que
des laissés-pour-compte auront écrits dans leur
colère contre eux, ou encore en embourgeoi-
sant les quartiers auxquels de pauvres désœu-
vrés étaient parvenus à insuffler un esprit et une
âme… Il leur restera donc à se payer l'exclusi-
vité des inventions de ceux qui auront réussi à
surmonter les contraintes qui pesaient sur eux
grâce à la richesse de leur esprit. Cet humour au
second degré, très riche, restera leur façon de rire
les derniers.

[*Liberté* nᵒ 302]

La guerre dans la guerre

CLÉMENT DE GAULEJAC

Annonçant la réduction drastique du budget de tel service public, un ministre libéral, au printemps 2014, enjoignait aux fonctionnaires visés par la restriction de « faire preuve de créativité ».

La bonne idée !

Je ne m'attarderai pas à démontrer ce que la supposée urgence de lutter contre un déficit réifié a de fallacieux sur le terrain politique. Qu'est-ce qui coûte trop cher au contribuable ? Les bibliothèques scolaires ou les primes somptuaires que les médecins-ministres s'accordent à eux-mêmes pour cumuler les fonctions ? En matière de responsabilité budgétaire, le déficit – comme l'enfer –, c'est toujours les autres. En revanche, je voudrais réfléchir à la guerre sémantique que les libéraux mènent au sein de cette guerre politique. La guerre dans la guerre.

Ce qu'on appelle *austérité* n'est pas un régime politique. Le terme ne décrit pas un nouveau type de « gouvernance ». L'austérité n'est inédite qu'en tant qu'elle est le dernier avatar en date du discours dont les troupes libérales habillent la guerre idéologique qu'ils mènent depuis plus de trois décennies contre le service public et, plus globalement, tout ce qui ne génère pas ce qu'ils appellent des « retombées économiques directes ». Dans l'optique de cette lutte pour le pouvoir de nommer ce qui se passe, il importe aux généraux néolibéraux d'occuper toujours plus de terrain. Pour ce faire, ils n'hésitent pas à rallier à leur arsenal discursif certains « éléments de langage » que l'on peut être surpris de voir réquisitionnés de la sorte. Il en va ainsi de la « créativité », insidieusement mobilisée pour annoncer à certains agents de l'État qu'ils risquent de perdre leur emploi.

On a toujours raison d'être créatif. Qui serait contre ? Sûrement pas Robert Filliou, artiste utopiste qui prônait, dans les années 1960, le remplacement de l'art par la créativité. C'est-à-dire que, pour lui, l'œuvre comptait moins que le processus qui y mène. Il croyait, comme son ami Joseph Beuys – lui aussi proche du mouvement Fluxus – que « tout homme est un artiste ». Cela ne signifie pas nécessairement que les productions de tout un chacun méritent de rentrer au musée, mais au contraire que les musées sont inutiles. Que ce n'est pas le résultat qui compte, mais le processus par lequel un individu se laisse transformer par ses propres idées et transforme ainsi le monde autour de lui. À cet effet, Filliou trouvait plus intéressant de proposer des matrices d'œuvres que des œuvres proprement dites. Cela pouvait prendre la forme de « longs poèmes courts à terminer chez soi » ou ce qu'il appelait des *mind-openers,* sortes de miniparaboles à méditer, comme autant d'appels sincères au partage de la compétence artistique.

Si je parle de Filliou, une cinquantaine d'années après ses aventures artistiques – et alors qu'elles peuvent paraître un peu démodées –, c'est qu'il est tout à fait étonnant de voir le formidable retournement qu'a subi cette notion de créativité qui lui était si chère. Comment aurait-il pu imaginer, lui, pour qui l'art n'avait d'autre vocation que de faire parvenir l'homme à « la vie heureuse », que ce concept intégrerait l'arsenal discursif de l'idéologie managériale? Que ses propres mots serviraient à décrire un programme en tout point à l'opposé du sien?

La spectaculaire inversion de sens que le ministre libéral fait subir au concept de créativité n'est qu'un avatar parmi tant d'autres du *Nouvel esprit du capitalisme.* Luc Boltanski et Ève Chiapello identifient comme tel le retournement par le capitalisme de ce qu'ils appellent « la critique artiste » aux fins de son propre renforcement et de la neutralisation de toute autre forme de critique sociale ou politique. Les aspects les plus visibles de cette captation sont à chercher du côté du marketing, évidemment, et de l'aptitude du capitalisme à tout transformer en marchandise, y compris sa propre contestation. Mais il est des aspects du phénomène plus insidieux encore.

Il en va ainsi de la gestion de l'entreprise « par projet », qui est aujourd'hui l'une des armes les plus efficaces pour empêcher toute solidarité entre les travailleurs. N'est-elle pas calquée, à l'origine, sur l'une des revendications libertaires des artistes de l'époque de Filliou qui ne voulaient rien moins que d'être aliénés au travail et préféraient de loin butiner d'une activité à l'autre ? « Et bien, dansez maintenant ! » ricanent les ressources humaines.

Devant un tel constat, un esprit désespéré pourrait penser qu'il est inutile de résister – la résistance elle-même alimentant les forces de l'ennemi. Or, je crois que la bataille n'est perdue que pour ceux qui croient qu'il y a une forteresse à défendre ; que des slogans aussi creux que *Just Do It* pourraient encore servir à autre chose que vendre des chaussures de sport. Ces terrains sont effectivement perdus (pour le moment). Mais qui a dit qu'il n'y avait rien à conquérir dans l'autre camp ? C'est en francs-tireurs qu'il faut s'ajuster à la démesure de l'idéologie du temps présent. Ce n'est peut-être pas dans la défense de son vocabulaire pillé que l'art se doit d'être efficace, mais dans l'offensive délibérée.

Depuis le début des années 2000, l'artiste français Julien Prévieux a écrit plus d'un millier de *Lettres de non-motivation*. C'est-à-dire qu'il a répondu à des petites annonces d'embauche pour des emplois plus ou moins qualifiés, non pas pour se déclarer candidat au poste, mais au contraire, pour décliner l'offre. Et surtout, chaque fois, justifier très précisément les raisons de son refus. Prévieux conteste ainsi par le menu la façon dont le travail est proposé. Il demande des comptes à propos de tel visage hilare et générique prélevé dans une banque d'images pour illustrer une offre d'emploi comme gardien de sécurité la nuit ; il demande qu'on lui explique le rapport entre des formules toutes faites du type « une occasion unique de s'épanouir dans un milieu stimulant » et le démarchage de nouveaux clients pour tel ou tel géant de la téléphonie mobile que le message est censé vanter.

L'intelligence de l'artiste est de s'en tenir, le plus souvent, à la critique formelle. Mais l'effet du corps à corps avec les mots de cette novlangue est redoutable, et c'est finalement l'absurdité des tâches qui est mise en évidence, précisément là où la langue des ci-devant ressources humaines était censée la dissimuler. C'est la notion de travail, ou du moins ce qu'elle est en train de devenir, qui est atteinte en plein cœur. Prévieux prend le temps de comprendre, « comme on lui parle », et d'y répondre. À la manière d'un Bartelby qui « préférerait ne pas » ou d'un Gaston Lagaffe viscéralement rétif à l'idée du travail (ce qui ne l'empêche pas d'être perpétuellement en activité), il répond, inlassablement, sur le terrain du discours… par du discours. Il cherche et trouve les mots pour répondre. Il remet du sens, le plus littéralement possible, là où l'absurde semblait une fatalité. Et il utilise l'un des derniers services encore publics, La Poste, pour acheminer par courrier recommandé ses *Lettres de non-motivation* à l'attention des cabinets d'embauche qui se retrouvent ainsi, bien involontairement, le lieu d'exposition d'un art qui n'a pas renoncé à inventer la forme dont son époque a besoin. Une forme précise, choisie pour décrire et agir sur le monde, d'un seul geste, indéfiniment et minutieusement recommencé. Comme le peintre cubiste peignait des cubes, Prévieux écrit des lettres de non-motivation. L'atelier dans lequel il travaille est une société dévastée par le chômage, alors même que l'on prône (presque) en même temps l'austère nécessité de « se serrer la ceinture » et celle – non moins délirante dans un tel contexte – de « travailler plus pour gagner plus ».

C'est à mon avis l'un des grands enjeux de l'art aujourd'hui que de parvenir à montrer les effets de cette guerre au langage que mènent les élites libérales sur nos perceptions, nos corps et finalement notre capacité d'entendement. Il est important d'aller contester les opérations en cours sur le terrain même où elles ont lieu. À la fois pour résister, mais aussi, et surtout, pour y inventer la langue de la riposte. C'est un projet à la fois poétique et politique. Avant d'imaginer un monde meilleur, il faut travailler dans le monde tel qu'il est, c'est-à-dire trouver les mots exacts pour le décrire le plus précisément possible. Être un artiste réaliste aujourd'hui – et nous sommes nombreux à inventer mille manières de le faire – c'est refuser, en montrant qu'on les comprend, les discours prétendument responsables d'une classe dominante pour laquelle *il n'y a pas d'alternative* – alors même qu'il y en a tellement.

[*Liberté* n° 306]

Obéir à papa

DOMINIQUE SCARFONE

La vie de l'esprit est tout sauf austère. La sur-abondance y règne, la redondance, la réduplica-tion en sont des traits distinctifs, comme c'est le cas d'ailleurs pour le monde du vivant en général qui, animal ou végétal qu'il soit, cherche avant tout à se perpétuer, et pour cela maximise ses chances de réussite par les multiples exemplaires à travers lesquels il se manifeste. La multiplicité est garante de durée.

Pareil pour l'esprit : la mémoire ne se contente pas d'un unique enregistrement, mais s'inscrit de nombreuses façons et se recopie sans cesse, pro-duisant de nombreux tirages successifs ou simul-tanés. Profusion de détails dans les souvenirs, dont on se demande pourquoi diable on en a retenu les images, qui paraissent parfois totalement insignifiantes. Mille pensées avant que la plume ne dépose enfin une seule phrase sur le papier. Abondance, vous dis-je, surabondance même, à tel point qu'il faut des filtres, des manières de s'arranger avec l'excès. Très jeune, on apprend à ne pas dire tout ce qui nous passe par la tête, à se faire un quant-à-soi, un domaine réservé, plus riche que ce qu'on laisse voir au-dehors. Cet espace privé – délimité par une retenue volontaire – n'est pourtant qu'un avant-poste de la conscience. Une propagation encore plus échevelée se produit en effet dans l'arrière-boutique, dans un lieu qu'il faudrait plutôt appeler un « non-lieu » et où règne une logique autre que celle de la pensée courante. Là, des bribes de pensée s'enchaînent les unes aux autres par la seule assonance des fragments de mots qu'elles partagent ; là, il n'y a pas d'hier ou de demain ; la syntaxe est loufoque ; une chose peut être indiquée par son contraire. Combinaisons et recombinaisons se produisent sans cesse, sans égard pour l'amalgame ou la correspondance avec la réalité partagée ni avec ce que le « penser » officiel croit juste et bon. Profusion de branches, de lianes, de racines profondes et mystérieuses, d'où germent les rêves de la nuit et les rêveries diurnes, les souhaits insensés, les passions, les lubies, les projets artistiques, les délires, les extases et autres désordres amoureux, la créativité et l'insoumission.

Aussi, il y a lieu de s'étonner lorsque, comme clinicien, on est amené à rencontrer des sujets qui présentent ce qu'on pourrait appeler une austérité psychique, un apparent assèchement de l'âme. Chez eux, la floraison semble n'avoir pu se faire ; il y a probablement des semences quelque part, mais pas assez d'humus ou d'humidité pour encourager les jeunes pousses. Il semble ne régner dans la vie mentale de ces personnes que

le strict minimum, juste ce qu'il faut pour s'orien-
ter quant au temps qu'il fait, à l'heure, au lieu,
à la fonction vitale : se lever, manger, travailler,
dormir aussi, mais avec peu de rêves et encore, ces
rêves sont aussi décharnés que le reste des productions psychiques. L'imagination semble proscrite,
sans qu'il soit possible de savoir si elle est sous
scellés ou si elle s'est tout simplement atrophiée,
faute d'usage. La conformité de ces personnes aux
standards et aux conventions sociales, voire leur
conformisme, a conduit la psychanalyste Joyce
McDougall à les appeler d'un nom savoureux
autant que paradoxal : des *normopathes,* soit des
êtres accablés d'une apparente hypernormalité.
Ces gens, en effet, pourraient passer pour l'idéal
des planificateurs en tous genres, des agences de
marketing, des amants de la loi et de l'ordre ou
encore de nos ministres des Finances. La prévisibilité qui, d'ordinaire, concerne une moyenne
statistique établie sur un grand groupe (« cette
année il se vendra plus de voitures bleues »), est
ici praticable avec un succès assez certain sur l'individu isolé…

Mais cette première approche, de nature
clinique, est amenée, telle une rivière, à sortir
de son lit. Une question se pose : cette hypernormalité apparente, ce bonheur des planificateurs, la prévisibilité millimétrique des êtres
que nous venons de décrire ne nous font-ils
pas soupçonner que, justement, le normopathe

n'est peut-être pas une variété parmi d'autres, mais l'incarnation (la caricature, peut-être) d'un modèle de citoyen véhiculé et promu par une idéologie particulière? Je ne dis pas qu'il y a un lien direct, de cause à effet, entre un certain modèle social proposé par les institutions ou par la publicité et le type de personnalité du normopathe. Mais n'est-il pas frappant que ce type particulier, si seulement il était très répandu – et peut-être l'est-il plus qu'on ne l'imagine dans la société capitaliste « avancée » –, ferait le bonheur de nos dirigeants et surtout de ceux qui, par lobby interposé, exercent sur les dirigeants une pression plus forte que celle du commun des mortels?

Cela dit, lorsqu'on se demande comment, par quel truchement le discours économique et politique aujourd'hui en vogue, qui a pris les habits de l'austérité quant aux dépenses de l'État, exerce son influence sur les esprits, on peut se demander s'il n'y a pas en chacun un normopathe qui sommeille et qui répond « présent » lorsqu'on lui expose certains arguments.

La psychanalyse nous apprend qu'au cours de l'évolution psychique d'un sujet, il se constitue en lui un ensemble de traits qui s'articulent entre eux en une forme relativement stable qu'on appelle le « moi » et qui est solidaire de la forme du corps propre. Ce moi-corps sera la forme privilégiée entre toutes, investie de soins et d'amour; cela s'appelle le narcissisme. C'est un amour de soi dont une bonne dose est inévitable, voire nécessaire : on ne fait là que continuer l'œuvre des parents qui ont gratifié leur nouveau-né de toute leur attention et affection, qui l'ont aimé et idéalisé, bichonné, nourri et protégé... Rien de plus normal, dira-t-on avec raison. Sauf que cette normalité se paie, justement, d'une adhésion à la norme. Ainsi tout un chacun sera plongé dans une lutte permanente entre ses penchants et poussées pulsionnelles d'un côté et, de l'autre, la norme imposée qui travaille du côté du refoulement des pulsions. Les traits de personnalité qui se forgeront au cours de cette lutte porteront les marques des deux forces en présence.

On aura compris que dans le cas du normopathe, les forces refoulantes, en accord avec la norme sociale la plus plate, auront eu apparemment raison de leur vis-à-vis pulsionnel. Mais il y a lieu de proposer que chez la moyenne des gens, c'est-à-dire chez ceux qui ne sont ni tout à fait conformistes, ni tout à fait rebelles, la configuration des traits de personnalité présente aussi ce qu'on pourrait appeler des « zones de sensibilité » aux discours faisant appel à une certaine conformité, voire à une docilité. Zones de sensibilité ou de résonance dont il peut être utile d'être conscient au moment où les gouvernants et autres leaders s'adressent à nous en demandant qu'on les suive. C'est que, en ce domaine, la constitution psychique et les questions politiques se rencontrent inévitablement.

On n'a en effet pas besoin d'aller jusqu'à l'extrême de la normopathie pour être tenté d'acquiescer à une figure classique du discours politique de droite : celle qui nous présente la société dans son ensemble comme un corps unique et harmonieux. Cette figure est ancienne, son usage remonte à l'Antiquité. Il n'y a qu'à penser au célèbre apologue « Des membres et de l'estomac » qu'un certain Ménénius Agrippa servit à la plèbe romaine en grève afin de la faire retourner docilement au travail.

Ménénius commença par reconnaître, avec une apparente sincérité, que les classes possédantes romaines pouvaient se comparer à l'estomac tandis que les plébéiens, eux, étaient les membres laborieux qui nourrissaient cet organe affamé. Sauf qu'il expliqua ensuite qu'il fallait bien que les membres travaillent au service de l'estomac, puisque c'est de celui-ci qu'émanerait ensuite la sève nourricière qui donnerait aux membres leur force de travail. Mais, en faisant valoir ainsi l'unité organique imaginaire de la société sous les traits du corps humain vivant, Ménénius passait sous silence ce qui aurait dû être l'évidence et que Marx a souligné bien des siècles plus tard : qu'on ne voit pas pourquoi les membres laborieux *des uns* seraient tenus de remplir les estomacs insatiables *des autres* ni comment la digestion des riches patriciens fournirait le carburant nécessaire aux muscles des pauvres plébéiens. Pour que cette évidence saute aux yeux de la masse, il eût d'abord fallu contester l'image unitaire de la société et sa représentation convenue sous la forme d'un corps harmonieusement organisé, pour laisser plutôt apparaître la multiplicité et surtout la divergence des intérêts entre les diverses classes sociales. Mais on peut avancer que si le sophisme a fonctionné – et fonctionne encore de nos jours –, c'est qu'il fait appel à ce sentiment automatique de sollicitude facilement déclenché en chacun envers la figure du corps unifié qui est, comme on l'a vu, la forme même du moi tant aimé. C'est une *gestalt,* une « bonne forme » à laquelle nous répondons spontanément, sans réfléchir, portés que nous sommes à étendre notre configuration narcissique à l'ensemble social. Phénomène qui a d'ailleurs d'autres conséquences néfastes, puisque l'analogie du corps unifié se porte tout aussi facilement vers l'unité harmonieuse de l'ethnie, de la patrie ou de la race ; analogie que des idéologies racistes et fascistes ont su exploiter en faisant passer le différent, l'étranger, pour un « contaminant » dont le corps bien aimé doit se débarrasser.

L'autre figure prégnante susceptible d'emporter l'adhésion est tout à fait voisine, tant historiquement que conceptuellement, de celle du corps unifié : c'est la figure de la famille, où se profile aussitôt celle du « bon père de famille ». La figure atavique du père, même dans une société où en réalité il joue un rôle de moins en moins prédominant, est toujours chargée d'un poids symbolique efficace dont les résurgences religieuses en ce XXIe siècle témoignent à l'envi. Quel père digne de ce nom, en effet, ne veut-il pas le bien de sa maisonnée ? Cette image évoque immanquablement aussi le sens des responsabilités, la prudence, une certaine justice.

Mais la figure du *pater familias* peut aussi rendre recevable une certaine sévérité lorsque vient le temps de prendre ce que les dirigeants appellent, trop facilement, des « choix difficiles ». Gouverner « en bon père de famille », par conséquent, est une formule qui a l'avantage de parer à toute objection, puisque celle-ci ne pourrait alors venir que d'un fils rebelle, prodigue, voire ingrat. Une unité toute naturelle est ainsi déclarée au sein de la « grande famille » gouvernée par ce bon père, famille où les enfants rebelles, porteurs de discorde, sont mal vus, d'autant plus qu'on y fait jouer une autre figure infantile : celle de l'enfant plus grand – nécessairement égoïste – qui n'a pas d'égards pour les enfants puînés, nécessairement victimes de cet égoïsme. Ne nous dit-on pas en effet que les sacrifices qui nous sont demandés aujourd'hui visent à assurer une justice économique pour les générations futures?

La division qui gronde ainsi entre les bons membres de la famille qui écoutent la sagesse du bon père et les rebelles qui n'entendent pas la voix du bon sens, voilà un outil efficace pour marteler dans les esprits d'une majorité le message économique et politique qui nous ferait accepter toutes les restrictions à l'intervention de l'État dans les services à la population, dont la santé et l'éducation. Cet outil est efficace dans la mesure où, surtout lorsqu'inséré dans un contexte d'insécurité, il fait appel à plusieurs aspects de la conflictualité où, enfant, on a été plongé au sein de la famille réelle. D'une part, la référence au « bon père de famille » fait appel à la position de dépendance qui fut, dans l'enfance, celle de chacun envers le père pourvoyeur et protecteur, l'homme à la grosse voix dont le jeune enfant reçoit les paroles comme vérité d'évangile. D'autre part, le recours aux « générations futures » réveille le sentiment de culpabilité de l'enfant jaloux à l'arrivée du nouveau-né. De sorte qu'il serait vraiment mal venu d'oser se dissocier du souci pour les générations à venir qu'affichent les financiers.

Il importe, dans ce qui précède – à propos de la figure du corps unifié et de celle de la famille –, de souligner à gros traits le caractère purement *imaginaire* de ce qui est invoqué. À savoir que ces deux configurations familières sont transposées dans un domaine où elles n'ont en réalité rien à voir.

Que la société ne soit pas un corps unifié ne devrait pas demander de longues justifications, ou alors il faudrait se demander pourquoi on laisse une si grande partie dudit « corps » se dégrader, s'appauvrir. Quant à la figure de la famille et du *pater familias* qui a à cœur l'intérêt de tous ses enfants, elle est pour le moins ironique si on s'arrête un instant pour y penser : ce discours de prévention envers les générations futures est tenu par les apôtres du capital financier, capital dont la logique essentielle est toujours à court terme et qui investit là où la conjoncture est la plus favorable, quitte à désinvestir aussitôt que la conjoncture change. La pérennité, la « durabilité », les générations à venir : il n'est pas dans la nature de la finance d'avoir de telles préoccupations. La seule « famille » qui l'intéresse vraiment, en dehors du discours adressé au public, est celle de ses actionnaires.

Il importe aussi de considérer que les mécanismes psychiques qui président tant à la formation du discours idéologique qu'à son efficacité sur les citoyens ne dépendent pas d'une stratégie orchestrée par on ne sait quel nouveau Machiavel. Les figures imaginaires en question et leurs effets fonctionnent *objectivement* et *inconsciemment* chez tous, y compris ceux qui s'en servent comme armes de persuasion des masses. Dénoncer ces discours n'est pas moins nécessaire, non parce que nous aurions une solution de remplacement facile aux problèmes économiques que l'austérité est censée résoudre, mais tout simplement pour faire en sorte que le débat repose sur des données réelles et soit le fait de consciences moins facilement séduites par les figures infantiles dans lesquelles puise l'idéologie de la droite économique et politique.

Cela dit, il faut mentionner que l'austérité, en tant que style de vie personnel, peut être librement assumée, auquel cas elle est une sorte de sublimation, un renoncement volontaire à certaines possessions, à la consommation effrénée. À la différence de l'austérité du discours idéologique, celle-là n'est pas un appauvrissement, pas une dégradation des soins, de l'éducation, des conditions de travail. On peut même concevoir qu'elle soit une sorte de luxe que l'on s'offre, puisqu'elle résulte d'un déplacement réussi des « investissements » psychiques vers d'autres domaines, d'autres valeurs.

Que cela soit le cas nous est démontré, ironiquement, par les plus riches d'entre les riches! Expliquons-nous : il est effarant de constater que la moitié de la richesse du globe constitue la propriété privée des quatre-vingt-cinq individus les plus riches (nous disons bien quatre-vingt-cinq). La logique implacable du capital (grossir ou dépérir) s'est ici conjuguée au narcissisme dont nous avons parlé, pour s'incarner en une richesse si grande qu'il est impossible de vraiment se la représenter. La dimension inconsciente, la mécanique objective de la constitution de ce « narcissisme financier » nous frappera dans ce cas également : il y a fort à parier que ces frères humains qui jouissent de tant de possessions ne savent pas exactement ce qu'ils cherchent dans cette accumulation extravagante. Il s'agit, se dit-on aussitôt, du pouvoir, du luxe, de la jouissance sans fin… *Et cependant,* plusieurs d'entre eux nous surprennent par leur style de vie tout à fait sobre, voire austère, relativement à tout ce qui est à la portée de leur bourse démesurément pleine.

Manière de dire, d'une part, que l'austérité véritable ne peut être que volontaire, mais, d'autre part, qu'il se pourrait qu'elle soit plus facilement accessible aux très riches et que la majorité n'en ait tout simplement pas les moyens !

[*Liberté* n° 306]

L'ascèse

SUZANNE JACOB

Comment ne pas être cassée, culbutée, empor-
tée par les catastrophes qui se succèdent et
s'abattent sur mes écrans? Comment ne pas me
laisser submerger? Par quelle discipline refuser à l'imagination de compléter les pointillés,
de remettre ce pied, cette main, cette tête aux
corps auxquels ils appartenaient? Par quelle
rigueur interdire à l'imagination de prêter à ces
morts les derniers instants qu'ils n'ont pas eu le
temps de vivre? Par quelle ascèse me soustraire
à la manipulation de mon avidité sentimentale
pour l'horreur et le scandale? Quelle forme de
sobre insoumission me permettrait d'échapper
à l'intoxication informationnelle tout en restant
suffisamment informée pour ne pas perdre mon
titre de citoyenne lambda utilisatrice, membre
de la communauté, répondant au plus petit
dénominateur commun (PPDC) de fonctionnement social requis pour accomplir les transactions quotidiennes, hebdomadaires, mensuelles
et annuelles?

Y aurait-il une forme d'austérité à la fois hygié-
nique et confortable qui constituerait un drain
contre les infiltrations successives susceptibles

soit de me paralyser dans l'ahurissement d'une compassion stérile, soit de me hisser sur les cimes des meringues de l'indignation ? L'ostéopathe me l'a bien dit, cette question est vieille comme l'espèce humaine et Siddhartha Gautama, le Bouddha, IVe ou Ve siècle avant J.-C., est déjà passé par là avant moi. Découvrant l'ampleur et l'ubiquité et la répétition inéluctables de la souffrance, il s'est assis en sauvage (en lotus) à l'ombre d'un pipal et il n'en a plus bougé avant d'avoir trouvé la voie du *rien de trop*. Alors seulement, il a accepté le bol de riz au lait que lui tendait la villageoise Sujata depuis dix jours. L'ostéopathe m'a aussi expliqué, grâce à des exemples accessibles, que tout était illusion, y compris mon lumbago. J'ai fini par lui demander si je pouvais lui faire un chèque en bois. Il m'a répondu profondément : « Le cynisme ne fait qu'épaissir l'illusion. »

Deux mille cinq cents ans après Gautama, Navi Radjou, un consultant indien en stratégie des entreprises, spécialiste de l'innovation et du leadership, formé à la méthode Six Sigma, propose au monde des affaires, de sa base de la Silicon Valley, le *jugaad,* l'innovation frugale. Il s'agit de *faire plus avec moins* en faisant preuve d'ingéniosité. Dommage que ma belle-mère soit disparue, elle aurait reconnu le *jugaad* comme son invention, elle aurait peut-être réclamé sa part de distinction, une nomination, un doctorat ? Une mamie Fellow héritière du bouddhisme en Mauricie? Pas du tout. Je fais fausse route. Mamie, fille aînée d'un honnête marchand de chevaux, n'aurait jamais réussi à s'estimer à un prix supérieur à sa valeur marchande. De plus, à son époque, l'estime de soi n'était pas cotée en bourse et n'avait pas ses salles de gym. Si on vous parlait de haut, vous n'aviez qu'à grimper sur un cheval et à hennir de plus haut que l'illusion. Mais aujourd'hui, comment faire la différence entre le haut et le bas, entre l'illusion et la foudre, quand la foudre de Catatumbo a ses éclipses, quand l'illusion est coincée entre les mâchoires des injonctions contradictoires qui font saliver le cynisme?

Les mots sont, comme les sols instables, sujets aux glissements de terrain. Le cynisme est un de ces mots qui a connu une série de glissements ahurissants au cours des siècles, depuis la Grèce de Diogène (v. 413 − v. 327 av. J.-C.) jusqu'à la génération Bof d'aujourd'hui. D'une pratique subversive et jubilatoire de la contestation de Diogène, on est passé à l'impudence énergique et à l'effronterie provocante, pour finir, tout récemment, par contamination de l'anglais, à un « état d'esprit caractérisé par une faible confiance dans les motifs d'autrui, à un manque de foi ou d'espoir dans l'humanité ». D'une pratique subversive et jubilatoire de la vie, on est passé à une conviction atone, inerte et fatiguée, que les gens agissent tous et toujours dans leur propre intérêt, sans se souvenir du bol de riz de la villageoise Sujata, ni des aidants naturels, ni de l'innovation frugale (*jugaad*) spontanée de ma belle-mère.

Diogène était peut-être bien une des réincarnations du Bouddha. Toujours est-il qu'il était le fils d'un banquier de Sinope condamné à l'exil pour fabrication de fausse monnaie. C'est ce qu'on raconte d'à peu près certain à son sujet. Mon père, qui ne s'appelait ni Diogène ni Radjou, qui n'était pas fils de banquier mais tout de même fils de comptable, a répété des milliers de fois dans sa vie, et cela jusqu'à l'âge avancé de quatre-vingt-treize ans : « Les maudites banques. » Né en 1913 – l'année où les Caisses d'épargne et de crédit fondées par Alphonse et Dorimène Desjardins prenaient le nom de Caisse populaire Desjardins –, mon père a été sensible dès son jeune âge au *fait* que les institutions bancaires avaient inscrit parmi leurs objectifs de départ de faire échec aux usuriers. Selon lui, ces institutions donnaient, au fil des ans, des signes inquiétants qu'elles étaient en train non pas d'éliminer les usuriers, mais bien de prendre leur place.

Il a fallu environ deux mille cinq cents ans pour que la voie du Bouddha devienne la voie des grandes institutions financières. Si on se penche sur l'histoire de la Banque d'épargne de la cité et du district de Montréal qui deviendra la Banque Laurentienne, on observe qu'il n'est pas nécessaire de mettre un écart d'autant

de siècles pour opérer un pareil détourne-
ment de fonds. Fondée le 26 mai 1846 par
Monseigneur Ignace Bourget avec une soixan-
taine de citoyens éminents auxquels se joignent
MM. Louis-Hyppolite Lafontaine, Louis-Joseph
Papineau, Georges-Étienne Cartier, c'est en 1902
que la Banque lance l'opération de la « Petite
banque à domicile », afin de sensibiliser les
enfants à l'épargne. La « petite banque » est une
tirelire munie d'une serrure ne pouvant être
ouverte qu'en succursale. Soixante-six ans plus
tard, en 1968, « le gouvernement canadien ayant
décidé d'accorder une marge accrue aux banques
pour leur permettre d'étendre leur rayon d'action, les institutions peuvent désormais payer et
prélever n'importe quel taux d'intérêt, les seules
règles étant celles du marché ». En 2013, pour le
centième anniversaire de naissance de mon père
décédé, la Banque Laurentienne enregistrait des
résultats record pour une septième année consé-
cutive. (Petits épargnants, petites épargnantes, ne
soyez pas mesquins, mesquines, accueillons l'évidence : une bonne défense nécessite une grosse
dépense [Piké Subban]. Nécessité fait loi, c'est la
base. Comment dépenser plus avec moins, c'est
l'anabase [l'esprit s'évade dans les paradis fiscaux].
Résoudre les doubles contraintes, c'est la catabase
[descente aux enfers, peurs, menaces sereines : ils
auront le choix pour nous baiser].)

Restons près de nos sous : c'est la « Petite banque à domicile » qui m'intéresse, même si je sais bien que ce n'est pas du tout grâce à elle que Mgr Bourget a pu faire ériger sa basilique Marie-Reine-du-Monde sur le modèle de Saint-Pierre-de-Rome, mais bien grâce aux fruits d'une quête exceptionnelle appelée « campagne de souscription », déjà. (Après, si nécessaire, tu mets des clous sur le parvis pour écorcher les quêteux.) Cette Petite Banque Laurentienne avait pour ancêtre le cochon. En France, une tradition ancestrale consistait à faire ingurgiter aux cochons de petits sacs de pièces d'or. Les paysans se protégeaient ainsi des impôts. Une fois le percepteur passé à domicile, on étripait le cochon pour récupérer les pièces d'or, le lard et le jambon. Mes parents n'étaient ni paysans, ni agriculteurs, ni villageois comme Sujata au bol de riz au lait, mais ils se consacraient tout de même à l'élevage de leurs enfants. Nous n'avions ni cochon ni tirelire, mais de petits carnets d'épargne de la Banque Nationale du Canada d'Amos en Abitibi. À cette époque, vers 1950, les seuls moyens qu'avaient les enfants pour faire des économies étaient de les voler dans le porte-monnaie de leur maman. C'était donc les parents qui distribuaient leurs propres économies dans les comptes de leurs enfants. Les enfants, pour leur part, investissaient le plus souvent les sommes soustraites au porte-monnaie de leur maman dans l'achat d'enfants mis en vente par la Sainte-Enfance, des enfants chinois ou africains le plus souvent. Au sein des écoles, l'achat d'enfants chinois et africains faisait l'objet d'une concurrence qui avait pour conséquence de nous persuader qu'il n'y avait pas d'enfants en urgence d'adoption dans le pays et pour effet secondaire de masquer le marché noir de bébés illégitimes entre le Québec et les États.

Arrive ce dimanche de Pâques de 1950. Maurice Duplessis, l'ennemi personnel numéro un de notre famille, est au pouvoir, et pourtant, en rentrant de la messe de Pâques, chaque enfant trouve, pour la première fois de sa vie, sur la table, un petit panier à son nom dans lequel est niché un lapin, un canard ou une poule, chacun entouré d'œufs et de bonbons de Pâques. Oh, nous sommes si heureux, si gâtés, nous qui partageons parfois, à l'occasion d'un anniversaire, les palettes de gomme en six et les carrés de Chicklets en quatre! Et il y a ce grand panier vide, au milieu de la table, dont on ne sait pas à quoi s'attendre! Va-t-il se remplir magiquement? De manne? Pourtant, nous sommes déjà comblés, comme jamais! Notre père a l'air très content. Il va même faire un discours alors qu'il n'y a pas de campagne électorale en vue. « Mes chers enfants, *nous sommes chanceux.* Maintenant, nous allons penser à *partager.* Il y a des enfants comme vous, dans notre ville, qui n'ont aujourd'hui que des tartines de saindoux à manger. *Si vous le voulez bien,* vous allez choisir ce que vous *désirez* partager, parmi vos chocolats, avec quelques-uns de ces enfants, en remplissant le panier vide qui *attend* sur la table. »

La maison où nous sommes entrées, ma sœur aînée et moi, dans la côte, de l'autre bord de la rivière, n'avait pas de plancher. C'était de la terre battue. Je n'ai jamais oublié cette terre-là, grise, froide, humide, leur plancher. J'ai touché pour être bien sûre. Ça, c'était donc une case, pas une maison. On était en Afrique, mais la dame qui pleurait était blonde. Le panier de Pâques était déjà vide, la dame essuyait la bouche des enfants en nous priant de les excuser d'avoir eu faim. L'homme n'était pas là. Peut-être travaillait-il au bureau? « Mais non, m'a dit mon aînée, l'homme, il est en train de boire sa paye à l'hôtel Queen. — Comment tu sais? — Je sais, tais-toi, l'homme boit toujours sa paye à l'hôtel Queen. Après, il rentre et il les bat. — Est-ce qu'on devrait les adopter? — Tais-toi. Tu ne sais même pas ce que c'est qu'une tartine de saindoux. »

Elle avait raison, ma sœur. J'avais entendu « tartine de sein doux ». Un même mot soulève dans la mémoire des éclats d'histoires tous liés à la découverte et à l'apprentissage de la vie au sein (bis) de mondes divers. Ces éclats nous traversent de part en part à une vitesse fulgurante sans laquelle nous ne serions pas en mesure de tenir le moindre bout de conversation. Quand je suis entrée hier au P'tit Bonheur, la nouvelle herboriste m'a paru devoir émerger d'une telle profondeur mémorielle, de devoir ramer si longtemps avant d'accoster au comptoir, que je n'ai pu m'empêcher de m'excuser de l'avoir tirée de ses pensées. « Je pensais à l'espèce humaine, a-t-elle dit simplement, et je me disais que tout compte fait, j'avais commis une erreur lorsque je me suis décidée à avoir un enfant. Je me disais que l'espèce humaine n'est pas chez elle sur cette planète. Si nous étions chez nous sur cette planète, nous ne chercherions pas à la détruire. Mais quelle planète pourrait donc nous convenir, où s'apaiserait enfin notre rage de tout détruire ? »

C'était donc de cette profondeur que la jeune femme avait émergé, et moi, je ne cherchais que de la levure de riz rouge. Elle a dit : « Cholestérol ? » J'ai dit : « Pour un ami. » Elle a dit : « Il a bien de la chance d'avoir une amie. » J'ai dit : « Oui, mais il n'a pas de veine et il n'a pas de pot. » L'herboriste a ramassé ses cheveux : « La levure de riz rouge n'est pas rentrée. Ça ne vous arrive pas d'être accablée par l'idée de l'infini de la destruction ? »

J'ai consulté ma montre. Elle indiquait que j'étais en retard, comme elle l'indique toujours fidèlement quand je cherche à me soustraire aux émeutes nerveuses provoquées par les mots. Je devais fuir. Trop de tessons, tisons, étincelles déformatés clignotaient sur ma console et essayaient de se reconnecter : *accablée, idée, infini, espèce, destruction...* Mais surtout, il me fallait réfléchir à cette incongruité d'une jeune femme qui méditait sans garde-fou, sans casque protecteur, sans tapis de méditation, dans un quartier peuplé d'experts-penseurs en majorité placés sous la protection d'une institution, d'un Ordre, d'une confrérie, d'une communauté, d'une mafia. Ça m'apparaissait comme une forme d'austérité et de rigueur auxquelles je n'avais pas encore assez réfléchi. Cette jeune femme, elle aurait pu me dire que le système de santé aurait depuis longtemps réglé son déficit si les Québécois (cette espèce humaine) avaient rigoureusement éliminé le sucre de leur alimentation dès 1981, dès la parution du *Mal du sucre* de Danièle Starenkyj, aux éditions Orion. Elle aurait pu me rappeler que l'élimination austère et rigoureuse des décibels dans l'environnement familial et scolaire aurait épargné des millions de dollars en ordonnances de Ritalin. J'étais, comme le déficit, bien en retard sur ma montre et la santé était bel et bien devenue une marchandise. On ne me croira pas : à peine vingt pas plus haut, chez l'Indien de l'Inde, la voix pieuse d'une soprano faisait goutter l'*Ave Maria* de Gounod sur les étalages de poivrons. Encore quelques pas de plus, c'était la voix d'Oum Kalsoum qui humectait les fraises et les framboises. À la sortie du dépanneur vietnamien, j'ai eu le plaisir de tenir la porte à Robert Lévesque qui entrait, les yeux chargés de réflexions, de recherches, de lectures : « Je prépare un livre ! » Il portait des sandales tongs. Ne devrait-il pas porter des chaussures de travail à coquille composite et à semelles antistatiques ?

Au fond de nous, on est peut-être tous, chacun, pour soi-même, un modèle de contestation jubilatoire, c'est-à-dire d'austérité expérimentée. Si la peur est en chacun sa propre religion, nous pratiquons forcément et quotidiennement, dans notre for intérieur, les coupures essentielles. Est-ce que c'est là le fondement du fond sur lequel comptent ceux qui nous veulent du bien pour nous déposséder sereinement ? Mis en vente comme esclave à Corinthe, Diogène dit au marchand qui lui demande ce qu'il sait faire : « Vends-moi à quelqu'un qui cherche un maître. »

[*Liberté* n° 306]

La dépossession tranquille

ÉRIC PINEAULT

L'hélicoptère survola lentement Carleton – devenue Carleton-sur-Mer, pour mieux vendre sa prétention d'être une station balnéaire tendance – s'immobilisant çà et là comme pour laisser les passagers prendre le temps de découvrir – jouqués dans le ciel – les attraits et paysages qu'admirent d'habitude les gens de la fenêtre de leur voiture. Puis il reprit soudain son vol vers l'est.

Il atterrit bruyamment à l'arrière du deuxième rang de Maria, sur une piste récemment construite au beau milieu de ce qui était encore, quelques mois auparavant, une prairie d'où on tirait de maigres balles de foin. Les habitants du rang s'étaient fait réveiller un matin de printemps par le vacarme des pelles mécaniques et des bulldozers levant un mur de terre et charriant d'immenses pierres. En quelques heures, un véritable oppidum, une enceinte de quelques mètres de haut, clôturait la terre. La rumeur disait qu'un membre d'une famille de riches magnats de Montréal avait fait bâtir dans le fond du bois une *monster house* de fin de semaine. De l'argent fait dans les grands chantiers de construction de la région de Montréal et un nom de famille qui aurait été cité par plusieurs témoins à la commission Charbonneau.

Au conseil de ville de Maria, on fit valoir qu'il était interdit d'ériger sans permis et sans consultation publique un ouvrage paysager d'une telle ampleur. Grossier, laid, insolent, arrogant, certes, mais vu les amitiés que les propriétaires entretiennent avec l'élite de la région, le mur était là pour rester, bien qu'ils aient généreusement consenti à le végétaliser. C'est donc derrière ce mur que le bruit de l'hélicoptère cessa et que les quelques invités du jour – partis de Montréal après le dîner – arrivèrent à temps pour l'apéro. Un bout de la Gaspésie que les Gaspésiens venaient de perdre. Quelques dizaines d'acres, un champ et une forêt emmurés qu'ils ne pourraient plus désormais traverser l'hiver en ski-doo ni fouler à pied l'été en passant d'un clos à l'autre. Pire, ils ne pourraient plus en voir l'étendue, le mur les ayant dépossédés du paysage qui avait toujours été là, à l'autre bout du rang. L'appropriation était totale. Un petit Sagard était apparu en Gaspésie.

On pourrait réduire cette histoire à une simple affaire de riches, dont la fortune, d'origine suspecte, les pousse à chercher la discrétion. Collusion, corruption, criminalisation d'industries, de mairies et de ministères sont des mots qui réduisent cette dépossession à un événement singulier, à un accident dérangeant, mais somme toute marginal – une anomalie dans notre trajectoire historique. Et pourtant, les dépossessions de terres, de ressources naturelles, de droits sociaux, d'institutions, de revenus fiscaux, de la richesse collective, de pans du domaine public, de statuts et de protections sociales des gens ordinaires, ces dépossessions qui dissolvent le bien commun pour en faire la chose privée d'une élite et des grandes corporations se multiplient ici, en Amérique du Nord, et à travers le monde depuis une trentaine d'années.

Changeons donc de vocabulaire, oublions la consonance mafieuse du nom Accurso et retournons à notre tableau, qui met en scène un membre de l'élite économique, dont l'essentiel de la récente fortune est rattaché à l'explosion du développement urbain sur le pourtour de Montréal, à la construction de quartiers résidentiels et aux infrastructures de transport qu'ils nécessitent. L'immense puissance économique accumulée lui permet, entre autres, l'achat, la création et l'usage d'un domaine en Gaspésie – comme d'autres Montréalais profitent d'une propriété dans les Laurentides les fins de semaine. Au moment où ceux-ci s'entassent en masse sur l'autoroute 15 qui les mènera au chalet, ceux-là s'assoient dans le cockpit de l'hélico pour le court voyage qui les mènera à Maria. Un même désir, celui de sortir de la ville, mais un clivage fondamental dans les moyens de le réaliser. D'un côté, une masse qui s'accommode de son entassement sur les autoroutes et viaducs, de l'autre, une élite qui survole le territoire. Ici, les deux groupes suivent des trajectoires distinctes, sans se rencontrer, chacun dans sa fuite. Mais qu'en est-il quand cet écart immense de moyens, de puissance, apparaît dans l'espace social ?

La dépossession ne vise pas qu'à réserver à l'élite une part du bien commun pour sa jouissance exclusive. À la limite, on pourrait s'accommoder de la multiplication de ces îlots d'espaces privatisés, laisser les riches s'exclure de la société, se terrer dans leurs forteresses et jouir de leurs domaines. On a connu pire, il fut un temps où les plus belles rivières et les plus beaux lacs de l'arrière-pays, les vues les plus spectaculaires du fleuve étaient interdits aux Canadiens français, à moins qu'ils soient serviteurs. « Maîtres chez nous » fut aussi une réaction à cette réalité. Mais ce n'est pas ce genre de dépossession auquel nous sommes actuellement confrontés, car celle-ci en effet n'a plus pour fin la jouissance que procure la possession du territoire. Cette spoliation est désormais productive. Elle produit la base à partir de laquelle cette élite construit son pouvoir, accumule de la puissance économique, et elle a lieu en français, dans le respect de la loi 101. Selon plusieurs critiques du néolibéralisme, la dépossession est la forme que prend la restauration d'un pouvoir de classe d'élite dans nos sociétés où la polarisation sociale a été amenuisée par la formation d'une classe moyenne salariée, élargie, hégémonique sur les plans culturel, politique et économique. Pour le dire crûment, pendant que les uns se lamentent sur la disparition de la classe moyenne, les autres, membres de l'élite, s'affairent activement à la détruire, car c'est de cette manière qu'elle construit son pouvoir sur la société. Le discours qui s'inquiète de la remontée des inégalités sociales en Amérique du Nord, en Europe, ici au Québec, voile de fait une nouvelle lutte de classes dans nos sociétés.

Ailleurs en Amérique du Nord, on commence à réaliser que c'est ce type de conflit social, qu'on croyait disparu avec les années trente, qui de nouveau fait l'histoire. Et faire l'histoire implique qu'on a des mots pour la dire, la narrer : un pour cent, *overclass, class war, decline of the middle class, corporate rule, super rich, accumulation by dispossesion.* La culture nord-américaine se voit contrainte de les formuler, de les accueillir pour donner un sens à ce qui la déchire. Et dans notre petit coin d'Amérique, nous échapperions à cette logique, à ces puissances ? Nous. Le mot est tombé, sautons sur l'occasion.

Un *nous* clivé

La Révolution tranquille a donné à la culture québécoise un *nous* qui lui permet de comprendre le conflit social et les contradictions polarisantes comme phénomènes qui s'articulent entre un intérieur et un extérieur définis en termes culturels et nationaux. Quand cette manière d'appréhender le monde ne verse pas dans un fâcheux ethnicisme – heureusement une attitude marginale malgré la prolifération des jambons dans le débat public –, le *nous* peut être un puissant agent politique d'intégration, de bon sens et, donc, d'exclusion de l'inacceptable, mais aussi d'appel à l'unanimisme et au consensus. Voilà pourquoi nous avons une immense difficulté à voir, à comprendre et à exprimer les clivages, contradictions et polarisations qui peuvent nous diviser, surtout quand les lignes de fracture qui traversent notre corps social se rattachent à des dynamiques économiques et politiques plus globales, canadiennes, continentales à vrai dire, et en partie mondiales. Mieux vaut se fermer les yeux, écouter les sirènes nous chantant les vertus d'un modèle québécois censé nous immuniser contre les logiques inégalitaires qui font l'histoire dans le ROC et aux États-Unis. Explosion des revenus des élites économiques, des PDG, directeurs et financiers, nenni! Stagnation des revenus de la majorité salariée, non monsieur! Accaparement des droits sur les richesses naturelles par quelques entreprises privées, impossible! On n'est pas le Dakota. Appropriation des revenus publics par une poignée de grandes firmes dans le cadre des PPP et de la réingénierie de l'État? Pas ici, ici ce n'est pas l'Australie ni l'une des Carolines. D'ailleurs, pas non plus d'attaque concertée du patronat contre le droit du travail pour affaiblir les syndicats. On n'est pas au Michigan! Impensable que tout cela puisse se faire en français, sans le *speak white* qui exprimait les clivages culturels et économiques hérités de la Révolution tranquille!

Notre *nous,* contre leur *them,* manié par le FLQ, Aquin, Miron, et repris au printemps 2012 dans toute sa puissance unanimiste, ne parvient plus à représenter le clivage de notre corps politique. Le phénomène de polarisation qui marque le Québec comme le reste de l'Amérique renvoie à des forces sociales organisées à l'échelle continentale (pensons à Québécor ou à Couche-Tard) et même globale (pensons à l'empire Desmarais qui s'étire jusque dans le cœur du continent européen). Le Québec ne confronte pas de manière unifiée et unanime des forces qui le traversent, au contraire, elles le divisent, nous polarisent, clivent le *nous* d'une manière beaucoup plus agonistique et violente que le laisse croire le système binaire droite-gauche en vogue sur les plateaux de télévision, dans les studios de radio et sur les plateformes web. Gentil système d'oppositions simple et convenu, plus d'État, moins d'État, plus de régulation, moins de régulation, plus d'impôts, moins d'impôts, qui enferme le débat dans une opposition basée sur le principe réconfortant de l'alternance qui, à l'image d'un balancier en équilibre, fait du centre le lieu du raisonnable et de la normalité. Un vide érigé en extrême vertueux et pragmatique. Ce système est incapable de manifester, de dire, de représenter, d'exprimer avec la profondeur nécessaire le réel conflit de classes qui se dessine et *nous* travaille déjà.

Devons-nous donc nous tourner vers ces images d'un passé tout récent, images un peu honteuses, un peu gênantes, sur fond de Révolution tranquille qui s'épuise ; un mouvement social qui se drape du rouge de Mao en rêvant de faire d'une grève un front commun, un soulèvement prolétarien, en rêvant de révolution culturelle tout en refusant la souveraineté du Québec au nom de l'unité internationale de la classe ouvrière ? La lutte des classes s'exprime-t-elle encore avec les mots d'il y a deux siècles comme le croyaient les groupes marxistes-léninistes des années soixante-dix ? Non. Si prolétaires réduits à la misère il y a (surtout dans la Chine post-maoïste, en fait), ils sont une minorité dans une « société salariale » où presque tous se croient membre d'une grande classe moyenne, ce qui ne veut pas dire qu'il n'y a ni misère ni exploitation du travail par le capital. Mais ni la classe ouvrière ni le bourgeois, d'ailleurs, ne sont des référents identitaires signifiants et effectifs dans la culture actuelle du Québec. Ils tirent leur valeur symbolique d'une autre époque, d'un autre capitalisme, d'une autre lutte de classes mais ont perdu toute contemporanéité.

Fâcheuse situation que la nôtre, où la classe sociale qui mène activement la lutte pour élargir sa puissance et sa domination n'a pas de nom, et où celle qui en a un, la seule classe sociale que notre culture soit encore capable de nommer et de représenter, la classe moyenne, est incapable de se défendre en tant que classe dans cette lutte. Au contraire, la classe moyenne ne peut être que l'objet de lamentations, victime que la gauche autant que la droite prétendent défendre et protéger contre les idées et solutions de l'autre camp, selon ce principe pitoyable d'alternance qui ferme des portes plus qu'il n'ouvre de possibles. Et donc, pendant qu'alternent les solutions censées protéger la classe moyenne, l'autre classe, sans nom, l'élite que nous pourrions qualifier d'élite dépossédante, continue sa lutte contre ce que nous pensons être la société, legs culturel de la Révolution tranquille, sur lequel nous reviendrons plus loin. Dans cette lutte, c'est la classe sans nom qui actuellement joue un rôle révolutionnaire (ce que Raymond Bachand avait bien saisi quand il a appelé à une révolution culturelle de l'austérité), c'est elle qui veut et peut tout changer, tout casser afin de refonder la société, l'économie et la culture sur de nouvelles bases. C'est elle, le regard tourné vers l'ouest et le sud, qui somme la société québécoise de se transformer au nom de son idéal d'extraversion, qui la pousse vers une plus grande intégration dans l'économie politique d'un capitalisme financiarisé où la richesse et la puissance s'accumulent à l'échelle du continent, voire de la planète. Il s'agit d'un mouvement révolutionnaire où quelques milliers de grandes corporations prennent possession de l'essentiel de la richesse productive de l'humanité, s'approprient les ressources naturelles et sociales sur lesquelles prend appui notre mode de vie. Que cela provienne de la bouche du PDG de Pétrolia ou de Junex, par le biais d'une lettre aux lecteurs de cet ami du peuple et défenseur de la presse populaire qu'est Pierre Karl Péladeau, la litanie reste la même : laissez-nous vous déposséder sans entraves, question qu'on ait – nous, votre élite – notre part du gâteau. Un *Think big* avec les moyens du bord.

Dans ce moment clé de notre histoire, la classe moyenne et ceux qui veulent sauver les institutions sociales qui ont permis à la fois qu'elle émerge sous sa forme actuelle et son élargissement apparaissent comme foncièrement réactionnaires, un tantinet conservateurs, certainement immobilistes et frileux. C'est ainsi que le mouvement syndical, acteur clé de la Révolution tranquille et porteur de ses espoirs progressistes, ainsi que toute l'intelligentsia qui y est alliée (celle qui refuse de se complaire dans l'extrême centre, c'est-à-dire le vide), incarne soudainement la résistance au changement, aux réformes, et est, donc, contre le progrès!

Une classe moyenne incapable de se défendre en tant que classe, un mouvement syndical et une intelligentsia pris dans la défense d'institutions qui ont fait de l'amélioration de la condition économique du salariat l'assise du progrès social et culturel, et donc qui mènent une lutte réactionnaire contre les réformes néolibérales, voilà l'aspect le plus connu de cette lutte de classes que mène l'élite sans nom contre la société de la Révolution tranquille. Voilà déjà l'une des façons dont le *nous* est clivé, par des forces qui non seulement traversent nos frontières politiques et culturelles, mais qui nous divisent comme nation.

Et ils ont ri aux éclats

Montréal, Palais des congrès, printemps 2012. Ils sont plus de mille hommes et femmes d'affaires, gestionnaires, entrepreneurs et financiers à écouter le premier ministre Jean Charest présenter le détail de son Plan Nord. Pendant ce temps, ça pète devant les portes. Les pancartes cognent aux fenêtres, l'occasionnel caillou aussi, mais, surtout, le gaz lacrymogène est pulvérisé à bout portant, les coups de matraque dans le genou et dans le dos se multiplient, et les grenades assourdissantes fusent. Le bruit et l'odeur, la rumeur de contestation s'infiltrent jusqu'à la grande salle de conférence. Sentant l'inconfort du public, craignant certainement que naisse parmi toutes ces grandes gens le sentiment légèrement angoissant d'être assiégés, le premier ministre y va de son meilleur numéro de *stand-up.* Et le public de rire aux éclats. Pas juste quelques-uns, les quelques attachés politiques et affairistes dépendant du régime libéral, ils ont tous ri. Un grand, gras et généreux éclat, qui disait : c'est nous, le Québec ! Et eux, les carrés rouges, les pouilleux, on les enverra dans le fin fond du Nord, avec un pic et une pelle, extraire le minerai et dormir dans des camps de fortune opérés par une minière étrangère, chinoise de préférence. La gestion de la dissidence, y connaissent ça, les Chinois !

Si, avant ce discours, nous n'avions pas une classe dirigeante unifiée, dans le sens fort du terme, une élite économique liée par un même rapport à l'accumulation, une même économie politique – extraction, extraversion, dépossession –, une élite partageant les mêmes repères culturels et politiques, le même sens de l'hégémonie et le même projet historique, par ce rire collectif elle s'est reconnue, elle a pris conscience d'elle-même, de sa puissance, de son unité et de sa cohésion. Le grand historien des classes sociales, E. P. Thompson, a toujours argué que l'identité de classe se forge lors des grands conflits sociaux. Il a oublié d'ajouter que cela vaut autant pour les classes subalternes que pour les dominantes.

Quelques mois plus tard, au lendemain des élections de septembre 2012, les timides avancées progressistes du Parti québécois se buteront d'ailleurs directement contre cette puissance économique unifiée. Il suffira de quelques semaines pour parvenir à neutraliser de diverses manières les éléments trop radicaux de ce parti du centre qui a osé pencher à gauche et vers l'écologie. Le PQ normalisé, capturé par les lobbys d'affaires, deviendra rapidement le chantre de l'austérité fiscale et budgétaire, de l'exploitation pétrolière, des pipelines transcontinentaux et des autres aventures extractivistes dont rêve notre élite. Le peu de radicalisme que contient encore le parti sera canalisé dans le débat identitaire, beau carré de sable qui laisse indifférente l'élite dans la mesure où il ne met en danger ni l'unité canadienne ni le régime d'économie politique sur lequel repose la dépossession.

Une élite de la dépossession

Essayons de comprendre comment l'élite domine, accumule la richesse et exerce son hégémonie et quels sont les projets de cette classe dominante pour le Québec. À sa manière, elle partage avec toutes les classes dominantes un désir de voir sa puissance reconnue, mais aussi sa magnanimité, sa grandeur et son sens du devoir envers la culture, la société et l'histoire. Fondations, bénévolat, avancement de causes socialement respectables, mécénat, commandites ; les arts, la culture, l'éducation et l'intervention communautaire portent de plus en plus la marque d'une élite qui tient à associer son nom à ce qui apparaît comme juste et bon, alors même que le financement public recule. Espérons qu'elle a bon goût, notre élite ! Souhaitons-lui d'accumuler assez de capital culturel, une bonne dose d'éthique, car c'est elle qui, de plus en plus, déterminera nos politiques culturelles et sociales dans le cadre de ce bel arrangement gagnant-gagnant qu'est le partenariat public-privé.

Mais ne laissons pas cette honnête quête de légitimité nous distraire de notre enquête. La puissance de l'élite repose essentiellement sur des pratiques de *dépossession économique.* Tout *wannabe* capitaliste doit exploiter pour accumuler et maintenir ou, mieux, agrandir son empire, que ce capitaliste soit une personne en chair et en os ou une organisation, une personne morale incorporée. Il s'agit idéalement d'une alliance entre les deux, un pacte gagnant-gagnant entre la personne de chair et la morale, par exemple Alain Bouchard et Alimentation Couche-Tard, ou Pierre Karl Péladeau et Québécor. Il n'y pas dix mille choses que l'on peut exploiter, comme capitaliste, pour se reproduire et élargir sa puissance économique. Soit on exploite la force de travail, c'est-à-dire la société, soit on exploite des ressources naturelles, c'est-à-dire la nature. Mais pour qu'un capitaliste ose investir dans une aventure productive, il faut garantir la possibilité que l'une ou l'autre chose puisse devenir propriété privée. Tout capitaliste vous le dira, peut-être de manière moins ingénue qu'un député de la CAQ, c'est ainsi qu'on crée de la richesse, mais, ils n'oseront pas le préciser, dans ce type d'économie seulement. Avant de créer de la richesse, il y a donc une étape préalable névralgique, centrale : rendre disponible ce qui sera exploité. Les ressources et les travailleurs doivent être libérés des entraves qui limitent leur appropriation par les capitalistes en chair ou en organigrammes. C'est ce que nous appelons ici, empruntant un terme du géographe britannique David Harvey, qui a eu le malheur d'être marxiste pendant l'ère Thatcher, la dépossession. Libérer le travail, directement ou indirectement, c'est garantir l'accès à une main-d'œuvre docile, mais formée, dont le coût d'acquisition et d'exploitation est concurrentiel. Ensuite, c'est garantir le droit absolu d'appropriation du fruit du travail de cette main-d'œuvre, que ce fruit soit tangible, comme un objet ou un service, ou intangible, comme une idée ou un symbole. Moins il y a de limites sociales dans l'accès, l'usage et la disposition de la main-d'œuvre, plus longtemps on pourra jouir de la mainmise sur les fruits du travail, plus intense sera l'exploitation. La dépossession est non seulement la condition de l'exploitation, mais elle l'accompagne et la renforce. La même chose peut être dite de la nature. Pour l'exploiter, il faut au préalable libérer les ressources qu'elle contient en codifiant le droit de leur appropriation. Il n'y a pas, dans les molécules d'hydrocarbures que nous appelons gaz de schiste ou pétrole de schiste, une once, un milligramme, une mole d'atome de propriété privée. Elles deviennent appropriables, exploitables, par le biais d'institutions sociales qui autorisent leur extraction. Or, une fâcheuse conséquence de la Révolution tranquille, et du développement de la social-démocratie en général, a été les limites que les États et les mouvements sociaux ont imposées aux capitalistes de tout crin pendant la période allant de 1945 à 1980. Ces limites, d'abord imposées par le mouvement syndical, ont été relayées par le droit du travail, celui-ci appuyé par la protection sociale contre le chômage et la pauvreté. À partir des années soixante-dix, les mouvements sociaux et les États ont en plus créé des limites environnementales et, finalement, scandale des scandales, nationalisé des pans entiers de l'économie, développé le secteur public, avec pour conséquence de sortir ces secteurs, ces ressources, cette main-d'œuvre du domaine de l'appropriable. Tous ces développements ont eu comme résultat de limiter, de circonscrire et même d'amenuiser le pouvoir économique des capitalistes pendant ce qui fut, paradoxalement, une période de grande croissance économique et d'enrichissement collectif. Le néolibéralisme peut tout simplement être interprété comme un long travail de restauration du pouvoir capitaliste d'avant l'État-providence, le pouvoir des syndicats, la réglementation environnementale, la propriété collective des ressources naturelles et leur exploitation publique pour le bien de la société et non pour quelques personnes physiques ou morales. C'est ce que nous appelons la dépossession, la lutte constante de l'élite pour libérer la force de travail et la nature des limites culturelles et sociopolitiques de leur exploitation. On a l'habitude, salariés ou travailleurs indépendants, artisans, contractuels et professionnels que nous sommes, de voir ces transformations uniquement comme des pertes : perte du droit à l'assurance chômage, du droit de négociation collective, du droit à une retraite décente, perte de tel service public, de tel parc, de tel revenu d'impôts, de telle richesse naturelle, des droits sur le sous-sol de telle île. On oublie que, vues de l'autre bout de la lorgnette, ce sont autant d'occasions d'affaires pour une élite vers laquelle est ainsi chaque fois transférée un peu plus de puissance économique.

Une dernière note à ce propos. L'accumulation par dépossession libère de nouvelles ressources naturelles ou sociales qui autrement ne seraient pas appropriables (pensons à Anticosti), elle libère de la valeur du travail en fragilisant les conditions de vie des salariés, crée des possibilités de profits, de rendements accrus. Or, la théorie classique de l'économie explique qu'afin de tirer plus de valeur du travail ou de la nature, il faut intensifier la façon dont on l'exploite en investissant dans de meilleures machines, dans de meilleurs procédés industriels. C'est ce qu'on attend des capitalistes, qu'ils investissent, qu'ils innovent. Mais dans une économie qui tourne au ralenti, où l'investissement qui multiplie la valeur du travail ou de la nature est faible et moribond, seule l'accumulation par dépossession permet d'augmenter les profits, de faire croître les entreprises, d'élargir la puissance économique des capitalistes en chair et en papier. Quand on nous explique candidement qu'avant de partager la richesse, il faut bien la produire, rappelons-nous de quelle manière elle est effectivement produite, par qui et pour qui, dans l'économie actuelle.

Le *nous* de la Révolution tranquille et l'impasse de la classe moyenne

Pendant que les uns riaient des *one-liner* de Jean Charest, les autres mobilisaient le nous de la Révolution tranquille pour résister au désir de changement de l'ordre social qu'imposaient les libéraux. Plusieurs croyaient défendre la classe moyenne, faire avancer la société en l'élargissant à de plus en plus d'individus et ainsi prolonger l'esprit progressiste de la Révolution tranquille. J'ai la ferme conviction que la classe moyenne ne peut pas résister à la dépossession en cours, qu'elle est incapable de s'opposer effectivement à la guerre que mène notre élite, que la polarisation actuelle exige de lutter autrement. Pour explorer cela, je reviendrai sur notre histoire récente pour examiner les évènements entre la fatigue culturelle du Canada français d'Aquin et la période présente, marquée par l'impasse de la classe moyenne au Québec.

La Révolution tranquille a contribué à façonner la classe moyenne, elle a fourni une partie des institutions nécessaires à sa formation, à son élargissement et elle a trouvé dans ses aspirations, ses intérêts et sa culture un vecteur de développement de l'État, de modernisation socioéconomique du Québec des années soixante jusqu'à aujourd'hui. Pensons par exemple aux cégeps, à l'assurance-maladie et, plus récemment, aux congés parentaux, aux CPE et à l'équité salariale, tous ces développements apparaissaient comme un progrès social nécessaire et vertueux. Ils étaient au cœur de la formation de la classe moyenne comme réalité socioéconomique, mais ils étaient aussi essentiels aux Québécois comme faits de culture et actions politiques. Le travail culturel de la Révolution tranquille a été de produire ce *nous* québécois sur les décombres de l'ancienne identité canadienne-française, et la formation d'une nouvelle classe moyenne, moderne, salariée, élargie, majoritaire, fut au cœur de ce processus.

Mais la classe moyenne n'est pas une création soudaine de la Révolution tranquille, nous la connaissons depuis longtemps. En tant que structure centrale de la société canadienne-française, elle est la classe dominante qui parlait notre langue et partageait notre foi. Dans la mesure où la grande bourgeoisie, à quelques exceptions près, était anglo-écossaise et donc extérieure à notre culture, l'élite de notre société depuis le début du XIXe siècle a été essentiellement composée d'une classe moyenne, petite-bourgeoise – clercs, notables et professionnels de ville et de villages. Celle-ci avait déjà fait l'expérience de certaines structures et de dispositions typiques qui préfiguraient la classe moyenne élargie de la Révolution tranquille. Par exemple, la mobilité sociale, soit la possibilité d'améliorer son statut en fonction de ses mérites, essentiellement grâce au système d'éducation. L'importance du projet éducatif dans la Révolution tranquille renvoie à cette expérience de mobilité sociale méritocratique de même qu'à l'acquisition d'un statut légitime via une éducation qui sort l'individu des limites de sa classe.

Ce qui caractérise donc notre classe moyenne élargie par rapport à la classe moyenne restreinte de la société canadienne-française, c'est qu'elle s'est formée par l'absorption lente, mais systématique, de la classe ouvrière et des classes rurales paupérisées pour former un tout unifié, mais stratifié. Un même éthos, mais que de distinctions ! Le principe de la distinction est d'ailleurs au cœur de la culture de la classe moyenne, chaque couche cherchant jalousement le moyen de se distinguer de celle d'en bas tout en rattrapant celle d'en haut. Une partie significative de la croissance économique des quarante dernières années a été consacrée à produire, à raffiner et à entretenir le système de distinction dans le domaine de la consommation. Tous chez Ikea ? Peut-être, mais à chacun sa gamme d'électroménagers.

Alors, qu'est-ce qui a unifié la classe moyenne élargie ? En bonne partie, le développement politique et économique des institutions du salariat. Les classes moyennes sont nées des luttes progressistes des travailleurs, essentiellement menées par le mouvement syndical, et dont la grève de l'amiante a été un moment clé. Ces luttes ont visé la reconnaissance de la dignité et de la liberté des classes laborieuses, en un long mouvement qui a vu naître le droit du travail, une protection sociale rattachée à la condition salariale. Elles ont conduit à la capacité d'arracher aux employeurs en industrie des salaires décents, de les faire progresser selon l'augmentation de la productivité de la *shop* et d'acquérir une certaine stabilité d'emploi. Elles ont aussi entraîné la limitation et la régularisation des heures de travail, l'accès à une retraite décente, la protection contre le chômage, la possibilité même d'échanger son col bleu pour un blanc et de « gravir les échelons », une expression qui aujourd'hui ne veut plus dire grand-chose. Voilà comment s'est soudainement réorganisée la culture économique du capitalisme avancé pendant la deuxième moitié du XXe siècle. Par le biais de l'intervention de l'État québécois et canadien, et par le travail tenace du mouvement syndical, cette culture s'est répandue, depuis le cœur industriel de notre économie, vers un nombre de plus en plus grand de secteurs, au point où même le serveur de restaurant, l'employé de gaz-bar et la caissière d'épicerie pouvaient, grâce aux institutions du salariat, prétendre faire partie de la classe moyenne. Avoir une job stable était la condition de participation à cette culture ; aller à l'école, la clé de l'accès à un poste qu'on « méritait », et le mérite se traduisait par une place dans l'échelle des revenus, qui ouvrait la voie à un tout autre univers de consommation. Travaillez plus fort, persévérez dans votre emploi ou étudiez plus longtemps, et vous allez pouvoir gravir les échelons. La mobilité qui permet de se hisser dans l'échelle de la distinction et de l'abondance était à la portée de tous. Plus profondément, du point de vue de l'éthos de la classe moyenne élargie, les échelons étaient uniquement distribués selon le principe du mérite, il n'y avait pas de plafond, on n'était plus né pour un petit pain. Le dernier obstacle (pour les hommes) a été levé par la loi 101. Plus besoin de jouer à l'Anglais pour être boss. Le travail et les luttes qui ont contribué à former la classe moyenne élargie participent donc également de la formation de l'identité québécoise. Les deux sont difficilement dissociables, le *nous* de la Révolution tranquille renvoie au *nous* de la classe moyenne et vice-versa.

L'institution du salariat correspond aussi à une redéfinition profonde de la culture ordinaire, du quotidien, et de la façon dont se construisent les individus selon une logique qui n'est pas particulièrement québécoise, mais qui a plutôt été nord-américaine, se développant par l'accès à la consommation de masse et la culture d'abondance matérielle qu'elle a engendrée. S'il y a une caractéristique qu'on oublie de mentionner dans la représentation de la culture populaire canadienne-française comme un « bon vieux temps », c'est l'omniprésence de la rareté, de la disette, du manque. Il s'agissait d'une culture de la survivance identitaire, mais aussi matérielle. La génération qui a grandi pendant l'après-guerre, qui a accédé à la classe moyenne et à la consommation de masse a grandi avec des parents ayant connu la crise et deux guerres. Cette génération avait une pleine conscience d'être sortie de la survivance, elle savait qu'elle pouvait tourner le dos à la peur de manquer du nécessaire et embrasser avec enthousiasme l'abondance. On ne doit pas sous-estimer l'importance de cette révolution culturelle ni la folkloriser pour la faire cadrer dans l'actuelle esthétique *hipster*. Le magasin à grande surface, le centre d'achat, la maison unifamiliale dans sa banlieue, le *driveway* pavé avec deux chars dans le garage, la tondeuse à gazon et le taille-haie symbolisent la rupture avec un quotidien où le manque n'était jamais très loin. En deux générations, nous avons vécu un basculement abrupt et sans médiation d'une culture de subsistance marquée par le spectre de la sous-consommation vers une nouvelle culture de surconsommation, et l'identité québécoise s'est aussi formée autour de cette rupture.

La soudaine abondance et la culture de surconsommation ne sont pas tombées du ciel comme la divine récompense d'un peuple jusque-là pieux et modeste. Elles faisaient l'affaire des grandes entreprises, car elles agissaient comme un régulateur essentiel du capitalisme d'après-guerre, assurant que le surplus systématique généré par l'économie soit absorbé sous forme de consommation de masse plutôt que détruit dans de violentes crises commerciales ou de grandes guerres, comme ça avait été le cas dans la première moitié du XXe siècle. Marquée par la consommation de masse, la classe moyenne s'est élargie en parallèle avec l'expansion continue de la sphère de consommation de masse à l'intérieur de la société et dans le quotidien. Le basculement émancipateur de la peur du manque vers l'abondance fut rejoué année après année à mesure que le capitalisme de la surproduction de masse inventait de nouvelles marchandises qui, soudainement, dans notre vie quotidienne, devenaient des objets essentiels. Phonographe, puis chaîne stéréo, lecteur huit pistes dans l'auto, Walkman, puis iPod et téléphone intelligent, voilà l'une des façons de lire le progrès. Chaque objet a été, le temps que se manifeste son obsolescence, non seulement accessible mais *nécessaire*. L'élargissement continu de la consommation a modelé le salarié type, qui aurait pu développer une identité très différente. La culture de la nouvelle classe moyenne qui a résulté de cette conjonction de forces sociales et économiques a produit un individu dont les activités quotidiennes sont devenues de plus en plus dépendantes de la consommation, au point où l'acquisition prit valeur de plaisir, parce qu'elle permettait de vivre intensément l'abondance. Cette culture a aussi été marquée par un refoulement constant de la capacité à produire des individus capables d'avoir des activités à l'extérieur de l'emploi et du travail formel, au point où, aujourd'hui, cuisiner un repas à partir d'ingrédients de base ou monter un meuble préfabriqué est présenté comme un exploit, où l'émancipation a été absorbée par l'imaginaire de la surconsommation. Se porter, donc, à la défense de la classe moyenne élargie a ainsi équivalu à défendre une capacité de consommation, un pouvoir d'achat, et le type de croissance économique qui l'accompagne : travaillons mieux, produisons plus, consommons plus et partageons plus, de manière à étendre les assises de sa classe, voilà tout ce que peut vouloir la classe moyenne. On aboutira à une société obsédée par le plein-emploi et la croissance économique mais peu soucieuse de la qualité de ce qu'elle produit et du monde qui en résulte, faisant de l'étalement de sa laideur son principe de développement.

L'impasse de la classe moyenne québécoise

Adossée contre les institutions du salariat, la classe moyenne élargie s'est développée dans l'univers fantaisiste et magique de la consommation, mais elle a oublié que c'est à titre de producteur qu'elle a acquis sa dignité, sa sécurité et a su imposer au capitalisme un principe de solidarité. Frappée d'amnésie, elle a perdu la faculté même de s'identifier aux institutions du salariat. Au contraire, elle raille contre l'immobilisme et le gauchisme des syndicats, peste contre l'impôt sur le revenu, principe de base de notre économie du partage de la richesse. Elle dénonce les privilèges des travailleurs du secteur public plutôt que d'exiger la parité, elle exige que le monde enchanté de la consommation fonctionne sans interruption, que le principe de la surabondance du médiocre soit radicalisé, mais n'a que faire des travailleurs précaires qui peuplent les grandes surfaces, où tout s'achète au meilleur prix, ni des chômeurs de longue durée qui ont perdu leur emploi dans la manufacture du coin parce que ça coûte moins cher de faire fabriquer en Chine. Elle est incapable de lutter contre l'élite de la dépossession parce que, si elle lutte, elle ne luttera pas contre le pôle opposé, elle luttera contre elle-même.

Notre élite a le beau jeu. La dépossession enfonce un coin entre les deux pôles de la classe moyenne. D'un côté, elle s'en prend directement aux institutions du salariat, elle fragilise, insécurise, précarise et radicalise la soumission des individus à l'univers du travail, arrache des circuits de l'impôt d'immenses flux de revenus qui ne seront plus redistribués, réduit la protection sociale en augmentant ainsi le nombre de personnes qui sont contraintes de travailler pour survivre, rendant tous les individus dépendants de ces emplois qu'elle a le privilège de distribuer à des conditions qui sont les siennes et qui servent le mieux ses objectifs d'accumulation. Il n'y plus de rapport de force. Nos aïeux qui ont fait le mouvement

de grève d'Asbestos ne seraient pas fiers de nous.
De l'autre côté, alors que les salaires stagnent, que
les gens travaillent de plus en plus pour arriver à
joindre les deux bouts, qu'une famille a besoin
de deux salaires et demi pour vivre selon ses standards, qu'il devient difficile, sinon impossible
pour la majorité de prévoir au-delà de quelques
mois ses entrées de revenus, la croissance économique du capitalisme repose toujours sur la
surconsommation de la classe moyenne élargie.
Tout ralentissement de la consommation des
ménages, toute hésitation dans l'industrie de la
construction, tout ralentissement de l'étalement
des centres d'achat, banlieues et autoroutes sont,
dans l'économie actuelle, catastrophiques. Ayant
basculé il y a quatre générations de la survivance
à l'abondance, dans notre culture, sauf à la marge,
nous sommes incapables de nous représenter la
rareté, le manque dans le quotidien. Tout cela a
été relayé dans les profondeurs de notre incons-
cient collectif, il ne reste que l'angoisse sourde
de l'incertain. Ayant perdu l'éthos lui donnant
la capacité de faire face à cette incertitude de
manière collective, en mettant en branle des
mécanismes de régulation économique par la
solidarité, le Québécois de la classe moyenne pos-
sède un outil tout à fait conforme à sa culture de
dépossédé pour faire face à l'incertitude : la carte
de crédit. Pas besoin de demander de l'aide, d'im-
plorer la bonne volonté du voisin ou de fonder

des relations d'entraide et de réciprocité qui mobiliseraient la communauté. Pas besoin non plus de mobiliser les collègues pour se préparer à un difficile conflit ou d'avoir l'audace d'imposer de nouveaux mécanismes politiques de solidarisation. Non, ni recours au collectif ni rupture avec l'ordre établi ne sont nécessaires, il s'agit tout simplement de sortir la carte du portefeuille, au pire de téléphoner à un représentant anonyme pour augmenter sa marge de crédit, et pouf, le brouillard de l'incertitude se dissipe et le monde de la surabondance miroite de nouveau.

Difficile, dans ces conditions, d'imaginer que la lutte des classes qui marque et marquera l'avenir du Québec puisse se faire entre la classe moyenne et la classe sans nom. Et pourtant, il le faudra.

La souveraineté et les dépossessions

La reconnaissance de la lutte de classes confronte notre société à ses propres contradictions et à ses propres conflits sociaux. Ce n'est pas *them* qui nous dépossèdent, mais notre élite. Consciente maintenant de son unité, elle est capable de dépasser les anciens clivages insurmontables qui contraignaient chaque faction à s'allier avec certaines forces progressistes. Fédéralistes et indépendantistes luttent ensemble contre la société de la Révolution tranquille pour l'intégration du Québec dans le tissu économique du continent et dans l'économie mondiale. Ils acceptent le principe d'alternance entre rouge et bleu tant que celui-ci ne met pas en danger le principe de dépossession sur lequel se base leur puissance commune. Le clivage social, la polarisation qui en résulte, nous place donc face à nous-mêmes comme société, sans tiers extérieur sur lequel il serait possible de reporter nos contradictions. Ils exigent que nous agissions en société souveraine. Il y a un demi-siècle, nous voulions être maîtres chez nous, nous l'avons été et, collectivement, cela a bousculé beaucoup de choses, mais pas trop. Juste assez pour faire de la société québécoise une société articulée autour de la classe moyenne salariée. Nous assistons aujourd'hui à l'émergence des maîtres chez nous. Ils croissent, grandissent en détruisant les bases politiques et économiques qui ont fait cette société, alors même qu'ils souhaitent à tout prix maintenir l'éthos et la culture économique de la classe moyenne : surconsommez ce que nous surproduisons, mais sans l'éthos de solidarité politique qui a rendu possible son élargissement dans le principe de l'intégration sociale.

L'avenir de la culture québécoise repose en grande partie sur la réponse qui sera donnée à cette contradiction. Et qui va répondre est peut-être plus déterminant que le contenu de la réponse, qui, elle, ne sera pas définitive, mais dépendra du mouvement de l'histoire. On peut facilement deviner que deux factions régressives de la classe moyenne vont s'entre-déchirer. L'une menant sa lutte à côté de l'élite, poussant plus loin la politique de la dépossession pour réduire ses impôts, casser les syndicats, faire reculer l'État, et l'autre s'accrochant à ce qui reste de la puissance collective des salariés pour maintenir coûte que coûte un pouvoir d'achat lui permettant de rester dans la surconsommation, mais acceptant compromis après compromis pour sauver des jobs. Les deux travaillant plus fort que jamais, contribuant à surproduire ce qu'ils surconsomment avec les autres classes moyennes de la planète. Ou bien cette même classe moyenne élargie pourrait rompre avec son éthos et affirmer un principe de souveraineté contre celui de la dépossession.

Le mouvement historique de la souveraineté a consisté, dans l'élan donné par la Révolution tranquille, en un grand effort de rattrapage. Fatigués, nous avions accumulé retards culturels et économiques. Nous devions rattraper le niveau de vie, de productivité, d'organisation économique, d'entreprenariat, de formation de nos voisins immédiats sur le continent. Toute notre énergie collective, notre inventivité et notre détermination ont été consacrées à ce projet. Si la souveraineté a aujourd'hui un sens, elle ne peut consister en un tel rattrapage, cela condamnerait certainement la société et la culture québécoise à s'abolir dans le capitalisme nord-américain. Le contexte actuel exige non pas un rattrapage, mais un dépassement des contradictions que nous partageons avec ces sociétés. La lutte pour l'affirmation d'une souveraineté pleine et entière ne pourra être menée ni par la classe moyenne ni en son nom, elle devra s'ancrer dans une critique de son éthos et de sa culture tout en valorisant les institutions du salariat qui nous ont libérés de la survivance, nous donnant dignité et sécurité. Cinquante ans plus tard, il est peut-être temps de faire autre chose avec la liberté que nous ont donnée ces institutions.

[*Liberté* n° 302]

Les auteurs

Alain Deneault enseigne la théorie critique à l'Université de Montréal en plus d'avoir fait paraître des propositions sur des enjeux d'économie psychique, notamment dans *Le coq héron, Sociologie et société* et le recueil *Faire l'économie de la haine* (Écosociété).

Clément de Gaulejac est artiste et auteur. Sa plus récente exposition, *Motifs raisonnables,* s'est tenue en mars 2013 au Centre Skol. Il a publié *Le livre noir de l'art conceptuel* (Le Quartanier, 2011), *Grande école* (Le Quartanier, 2012) et *Les cordons de la bourse* (La Mauvaise Tête, 2014).

Suzanne Jacob est écrivaine.

Gabriel Nadeau-Dubois complète actuellement une maîtrise en sociologie à l'Université du Québec à Montréal, après des études de premier cycle en humanités et en philosophie. Son premier essai, *Tenir tête,* lui a valu le prix littéraire du Gouverneur général du Canada 2014. Il a également dirigé un ouvrage collectif sur la marchandisation de l'éducation, publié chez Écosociété. Il est collaborateur politique sur le site Ricochet et à la radio de Radio-Canada.

Éric Pineault est professeur au département de sociologie de l'UQAM, directeur de recherche à la

Chaire de recherche du Canada en mondialisation, citoyenneté et démocratie. Il fait également partie du Collectif d'analyse de la financiarisation du capitalisme avancé (CAFCA).

Julia Posca est doctorante en sociologie à l'UQAM et chercheure à l'Institut de recherche et d'informations socioéconomiques (IRIS).

Dominique Scarfone est psychanalyste et professeur au département de psychologie de l'Université de Montréal. Parmi ses ouvrages, mentionnons *Quartiers aux rues sans nom* (L'Olivier) et *Oublier Freud ?* (Boréal).

Table des matières

Quatre fois par année, la revue *Liberté – Art et politique* propose à ses lecteurs des dossiers, des chroniques, des critiques, des dessins qui forment une alternative au bavardage médiatique et au murmure marchand. Vous avez aimé ce que vous avez lu ? La meilleure façon de nous soutenir, c'est de vous abonner ! Visitez notre site web pour plus de détails.

revueliberte.ca

RECYCLÉ
Papier fait à partir
de matériaux recyclés
FSC® C100212

FSC
www.fsc.org

Mise en page : David Turgeon et Marie Saur
Correction d'épreuves : Jean Boilard

Achevé d'imprimer en mars 2015 à Gatineau (Québec)
sur les presses de l'imprimerie Gauvin.